文翰樵

西樵歷史文化文獻叢書

霍勉齋集（四）

（明）霍與瑕 撰

广西师范大学出版社
GUANGXI NORMAL UNIVERSITY PRESS
·桂林·

霍勉齋集卷之十九

南海霍與瑕著

十三世孫有光

世光重梓

十二世孫進芳棱宇

呈揭

呈三院文書

爲極惡攻州殺擄懇乞芟除鱷毒急解倒懸免致屢屈塗炭釁患事隆慶五年六月十九日奉

欽差巡撫殷　批據太平府思同州申稱邇年以來被羅陽縣土官恃强富能逆法妄動干戈殺掠人財牲畜煨

燼房屋肆害無忌嘉靖三十八九等年被該縣陸續擅捉州民周政等監禁勒銀三五十兩或六七十兩不等取贖方行脫放若無措者刑死被稔惡官男黃金彪等騎馬入境遇婦女强姦見物强奪諸等妄爲隆慶元年二月內黃金彪等縱令惡目黎康林淸等帶兵前來攻刧本州奪四黃天賜等告提不出揑文搪塞得慣勢加猖獗至五六月又被縱賊燒刧邑捧雹邦潭盧那斛等村六次擄沙水牛共計三百一十六隻馬七匹二年正月十四日金彪縱兵又擄牛二十七隻至十八日非法興兵千餘白月攻州圍劄三日大張旗號要害土官毋

子目民徬徨奔山避命捉去官婶盧氏婳婡等并擄民婦馬氏等共三十二名口殺死州民甘奇馬貴馬驄馬鐸四命藏屍滅迹斬傷劉倍王四等刼去牛馬二百餘隻房屋灰焚三年五月內陸續又被金彪并賊舍黄鼎黄甘黄盧過惡軍犯殘子李雲霄等縱部民賊及糾宣化縣木旻村賊首李桑李眞等各次突來打刼莨藤百域等村掠去牛六十餘隻追捕殺死州目阮積村民鍾恩二命先一次本州擒殺得賊蹻趙帝首級解府梟示外四年九月二十五日又被黄金彪强捉州民唐信囘縣監禁至五年二月內該縣聞上司按臨方行釋放節

被占本州下車八號并新强占耕那削等粮田各節苦情俱備屢申又土官天賜母子節告本府經委千戶夏用賓勘提未結屢被金彪等興兵攻州及刼掠鄉村并白日截路共十六次殺死甘竒等一十餘命掠去牛馬共六百五十餘隻捉去男婦盧氏等二十九名口斬傷何邦溗秀劉倍等及捉州民周政蘇眉等監禁通共勒去銀三百餘兩燒擄房倉財物無筭又經行委萬承州土官許文鈺親到思同羅陽疆界勘審金鯨黃盧林清等惡不出向無歸結申乞親提或出給令旗行差官員或委南太思恩等府廉能正官嚴提黃金彪金鯨李雲

胥黄盧等明正典刑追給原刼占粮田人畜財産歸結等因奉批仰左江兵備道查究報又蒙巡按廣西監察御史李　批據該州申同前事蒙批分巡左江道查報蒙此案照先爲三雄糾集賊兵刼掠鄉村殺死人命事嘉靖四十六年正月初九日蒙巡按朱　批據大平府陀陵縣申稱黄金彪黄金胥統領賊兵五百餘徒包圍隴何馱丁二村刼去沙水牛八十三隻又糾合木旻村賊首陳嵩李珠李貺等長沙那勒充禾吳蕩鍾成等四十餘徒攻刼各村殺死良民何眞何還等一十七命擄去男婦何媢五等并沙水牛八百二十一隻燒燬房屋

一百八十四間禾倉一百二十二間家私財物盡刼一
空等情蒙批左江道查報依蒙該前道抄申牌仰太平
府嚴提黃金彪等併賊首陳嵩李珠吳蕩鍾成等究問
未到又蒙本院批據該縣申爲稔惡官男執讐糾合集
兵用强殺死人命埋沒屍骸事稱被土官黃昂主令伊
男黃金彪統弟黃金胥賊首黃學等將生員程之宋并
家人王保捉綑至半途支解殺死埋沒屍骸等情蒙批
分巡左江道又爲貪官挾讐糾黨縱賊暴黥越境攻刼
鄉村等事批據陀陵縣申稱被黃金彪黃金胥統督部
下賊兵李賍等五百餘徒攻刼馱丁隴何二村殺擄人

口擄去牛畜財物等情蒙批分巡左江道查報又蒙本
院批據南寧府宣化縣民馬茂忠等連名狀告爲被占
田地殺擄人牛事稱土官黃昂主令惡族黃愛等興兵
攻刼上下淩佛邑民等村白晝殺死人命擄去牛隻等
情蒙批分巡左江道查報依蒙該前道抄詞併行太平
府嚴提土官黃昂男黃金彪究問并捕拿各村前項積
惡賊徒未獲隆慶二年四月二十日又奉
欽差總督都御史張　批據思同州申爲極惡土官興兵
攻州殺人擄掠地方大患懇乞天恩急救一州殘命事
稱同前因奉批仰左江查勘速報又奉本部院批據思

同州十冬向瑞等連名狀告爲興兵殺擄州治荒虛乞
憐急救事稱被黃金彪興兵攻州擄去男婦并牛馬等
物殺死州民甘奇等斬傷目民燒燬房倉人民逃散等
情奉批仰左江道查報本年七月二十一日又奉本部
院批據該州申同前事奉批仰左江分巡道作速勘處
詳奪依奉併行該府查勘嚴提黃金彪等究問未到隆
慶三年正月二十八日蒙巡按御史蔚　批據思同州
申詳亦同前因蒙批分巡道查報又蒙本院批據宣化
縣南廂一啚民淩可徵狀告爲叛賊流刼殺人擄掠牛
畜家私事稱被惡賊吳秀鍾讓等叛投忠州土官黃賢

相羅陽黃金彪乘機糾合那昏隴寨冲禾長沙等賊二百餘徒刼村擄去家私牛馬等情蒙批分巡道速行緝獲又蒙本院批據思同州催申亦同前事蒙批分巡道查報本年三月十六日又蒙本院批據該州申同前因蒙批分巡道查行徼依蒙節提黃金彪等未到本年六月初二日蒙巡按御史李　批據思同州申同前事稱屢被黃金彪親督狠惡弟族黃金鯨等統兵千餘突攻州治殺擄人口牛畜財物放火燒燬房屋等情蒙批分巡道查報時黃賢相大肆猖亂興兵擅據四都地方逐官燒舍縱部刼掠地方受害該前道譚呈奉撫按衙門

批行陸續擒獲黃賢相吳秀并賊首李珠前來審發南寧府究問明正典刑外惟黃金彪等屢提不出隆慶四年七月二十六日又奉巡撫都御史殷　批據恩同州申同前因奉批仰分巡左江道查報并蒙巡按御史李　批據該州催申亦同前事蒙批分巡左江道查報本年十一月初六日又蒙本院批據南寧府經歷司呈爲地方賊情事呈詳宣化四都長沙冲禾羅陽各處盜賊刼掠鄉村黃金彪縱盜殃民窩藏分贓請乞區處掩捕緣由蒙批歲荒盜起地方受害漸多分巡左江道查議報繳本月二十四日又奉巡撫都御史殷　批據南寧府

申詳前事奉批仰左江分巡道查行報本月二十九日
又奉提督兩廣都御史李　批據該府申同前因奉批
仰左江分巡道相機勦禦毋容流毒地方速報繳依奉
該前道備行南寧府查議及行太平府嚴拿黃金彪并
前項賊徒究問隆慶五年正月初一日又奉巡撫都御
史殷　批據南寧府儒學生員雷一鯨狀令吳銘劄抱
告爲土酋糾賊刼擄事并宣化縣民鄧森同告爲羣賊
殺擄人畜事又蘇成祿等連名狀告爲返賊殺人刼財
事俱告被黃金彪與弟金衛金盧糾黨大肆爲惡刼殺
村民於四年九月二十日統帶四尚惡賊鍾太鍾才黃

堆等七百餘徒刼擄本村燒燬房屋擄去男婦鄧王涙等并牛隻馬匹財物追至渠樂寨方知土舍慕繼宗分贓等情奉批仰左江分廵道嚴查追究報本月二十五日又奉提督兩廣都御史李　批據雷一鯨鄧森同蘇成祿等各狀告同前因奉批仰左江兵廵道查問詳繳三詞並行又奉本部院批據宣化縣太平二都民陳占梁愛狀告爲土官糾合刼擄人牛燒屋殺死人命事稱被羅陽縣土官男黄金彪陀陵縣黄德求盜心不息將弟黄金盧統兵協同四崗賊首鍾太鍾才等於四年九月初五二十日又十月初五日三次行刼本村三十五

家牛馬共二百七十餘隻殺死叔兄梁受梁達斬傷梁桂等四名擄去幼男女五口燒燬房屋土倉穀石等情奉批仰左江兵廵道查寃報繳依奉備行太平府切諭土官黄昂黄德隆務要安分守法并嚴拏黄金彪與各首惡賊犯解道寃問明正典刑又出給告示宣揚軍門威令撫諭各村爲從人等令其改過自新洗心滌慮永爲良民去後本年三月初五日又奉本部院批據南寧府申爲惡賊明火刼殺擄去人畜事稱據宣化縣太平三啚民劉辟珠等狀告被土官黄金彪黄德隆糾合渠邏長沙冲禾等村逆賊一千餘徒立旗爲號各執器械

圍村劫殺男婦梁王三等并擄去牛隻財物荼毒生民
申乞區處等因奉批仰左江兵廵道速處報繳本月初
十日又奉廵撫都御史殷　批據該府申同前事奉批
仰左江兵備道查報又蒙廵按御史李　批據該府呈
同前因蒙批分廵左江道查勘速報又蒙本院批據思
同州申爲慣惡攻州殺擄未結更勢加害擄民乞憐救
𢪛事稱黄金彪慣加兇亂肆行殺擄本州殘害官民等
情蒙批分廵左江道查報又蒙批據該州催申亦同前
因蒙批分廵左江道查行繳依蒙備行查勘嚴提黄金
彪等究問未到又奉提督兩廣都御史李　批據太平

府申爲禁約事中稱看得羅陽縣土官黄昂不守　國
法屢次縱男黄金彪黄金鯨專爲不道肆情犯分統令
目兵横行刼掠緣由奉批仰左江兵巡道查報又蒙巡
按御史李　批據該府呈爲申乞明示嚴束各轄地方
以弭盜賊免貽槩累事蒙批黄金彪父子縱惡極矣分
巡左江道密圖之以正法紀繳又蒙本院批據南寧府
經歷司呈爲議處惡賊以靖地方事蒙批分巡左江道
設法處之以靖地方此繳蒙此并陸續據左州及宣化
太平如禾等啚民劉辟珠韋興等各申告屢被刼害情
由到道本道以籌策未周兵食未足姑出示撫諭許其

自新一面招兵講武振揚德威於本年四月二十八日
據督備四都指揮吳世勳哨守撫民三可等堡鎮撫朱
麒各呈報據左州邑模屯軍民黄曉等告被木旻村賊
首陳嵩陳貴李朓長沙村賊首吳蕩吳屯等五百餘徒
仍前殺人放火刼擄牛隻等情呈報到道隨即牌仰南
寧府同知劉漢密行指揮吳世勳鎮撫朱麒擒獲賊首
陳嵩李朓吳蕩吳屯解道審據供稱同徒俱係羅陽陀
陵各賊統率俱係官男官弟等情當將陳嵩等發仰南
寧府究招轉詳一面給示轉發羅陽陀陵與木旻冲禾
各村曉諭但有搶掠邑模屯牲畜牛隻逐一送官給主

各與免罪及切諭土官黄昂黄德隆遵守法紀以保香火仍將首惡黄金彪自行解究又委曲曉諭金彪令其出官伏罪准與免死其後有黄德隆悔悟將從賊韋盈韋王元梁王受吳府韋政韋躲解道又將賊首向泰何春解道又將撥置主文林邦萃付差人解道又追出賊牛一百二十隻申乞委官給還左州失主仍願協守地方永保安静等因准行間羅陽縣土官黄昂自知勢孤亦送出從賊黄父勇梁安等六名到道本道仍責令縛送金彪免一縣生靈塗炭隨據黄昂告要比陀陵事體追出賊牛八十隻乞委官給還左州免伊男罪又告稱

願出兵二百戍守南寧不費粮餉報效以贖伊男罪等情此皆明臺威伸令行之所致該本道看得金彪之罪重部院之行嚴法當痛懲理難擅准已發回仰候定奪爲此理合呈詳應操應縱應弛應張伏惟詳奪本道未敢擅專

撫勦羅陽賊黨事畧

辛未二月李明谷侍御按部至南寧各官上言地方事皆以羅陽四都爲憂議調狼兵二萬請餉二萬併畫征剿之策以獻明谷謂瑕云左江須一用兵但今古田八寨尚未大定姑竢之瑕日此只在撫按主張

向如應操應縱當奉命了事耳明谷曰如先生言當
作何處瑕曰拿黃金彪黃德隆黃德盛等到道每人
打一百姑與自新何如明谷笑曰談何容易既而曰
德隆可饒金彪不可饒瑕曰謹如命姑緩德隆先擒
金彪時三月初旬語也知府林喬相入　覲乃與同
知劉漢議曰金彪如合羅陽陀陵二縣之衆兼收四
都反覆之民以橫行南太誠未易撲滅今當先散其
黨與然後圖之夫陀陵者金彪之肩臂也木旻者金
彪之爪牙也充禾長沙者金彪之羽翼也若斷其指
臂落其爪牙剪其羽翼然後潰其心腹刳其肝腸未

有能生者也遂出示大諭木旻陀陵等處既而各處皆遵示以鄉老結狀投報云今後如有更流刼地方者鄉老即自斬首解道等語不旬日左州又被刼矣瑕乃與劉漢以密計擒其渠魁授漢空頭牌十餘紙劉漢乃召木旻附近里老諭以密意且持里老通賊陰事以挾之里老歸乃送其幼子以盛禮結契賊首陳嵩李䏶等酣飲數日因謂曰我飲公等多矣亦欲還席邀之出嵩賊不疑率其徒十許人赴里老席至嵩門隘處官兵伏草莽中趨出以鉄鞭鉄尺檛之遂擒嵩等數人疾奔舟解道於是各賊惶駭指揮吳世

勲亦受劉漢密指捕長沙吳屯吳蕩等而木旻事先發諸賊首出入皆以利刃自衛莫可向邇世勲乃身往諭賊曰爾等前日皆有鄉老結狀今刼左州非爾等事予與爾再申文書只歸咎木旻一村爾可來我撫犒爾誓作好人吳屯吳蕩等計曰彼只軍士十許人安奈我何但領犒賞率數十人赴世勲所世勲以藥酒犒之飲者皆倒一一縛以解道從此四都震慴矣又計擒陀陵劇賊數人陀陵黄德隆者終日醉酒不治事其婦專政聞官兵多擒賊頗懼因使人諭之乃縛賊韋盈等來獻陀陵賊首向泰何春百夫雄也

林邦萃流民逃入作主文者也時兵備道差人責取數人甚急黄德隆乃與其婦謀召向泰等責曰公差在縣可備銀十兩打發向泰等曰須回鄉取銀德隆曰回鄉何時來令壯士拘放監中家人回取銀泰等不得已就監禁子肘鎖之矣次日付與公差解道仍追出贓牛一百二十隻賠還左州且願出兵戍守關隘不令賊得出入本道一一爲呈詳三院准行金彪自知勢孤而羅陽之渠魁亦多被主簿李材容計擒縛者遂亦差頭目十許人串𦊙提獲賊犯黄甫勇等六名解道乞如陀陵事例追贓牛八十隻賠還左州

仍出兵二百戍守南寧免罪爭因本道乃與府縣官議曰用計許多時專爲金虎一人今指背已斷爪牙已落羽翼已剪可養虎遺患耶遂具呈詳如上文且寄言金虎可擒之狀三院報可李主簿乃奉三院賞格百餘張陰令人入羅陽給與金虎宗族頭目又領賞格千張行各土府州縣巡司又行牌各州縣巡司毋得逸賊語在各行移中又給安家小票千餘張令人入羅陽散與各村又將告示入掛各村各村父老寄語主簿曰告示不敢領第官兵到我等盡逃入山無一人迎敵耳主簿乃多令人傳語官兵某日至矣

其州土兵某某日至矣黄昂亦受本道明諭令勸金彪出官免一縣生靈塗炭金彪既知有三院賞格又知有平民免死小票又知黄昂欲出已以立少子多方疑惑一日主簿偵人報云金彪每夜必集親兵二百圍屋自衛葢疑國人圖之也又報云金彪每夜臥必與四十人俱至一更時失彪所在天明又復來葢併親兵疑之也又報云金彪與父聚談必褁甲持刃以徃併其父疑之矣先是金彪有弟金鯨爲彪所惡娶江州女避地江州至是主簿以三院賞格寄江州曰一國之人皆窺伺大位爾親弟也得國恒於斯曷早

來歸金鯨乃因賀父生日歸羅陽賀畢金彪即執鎖之曰三年不歸今聞軍門誅我乃歸非謀我而何李主簿偵知又禀道曰一向流言大兵即集舉國搖搖但未有的確請差人往萬承州江州二處諭以即日合兵擒勦羅陽二州乃羅陽後門如賊首逃出責有攸歸等語故令差人路經羅陽金彪素慣開公文者得此實音則心腹自裂肝腸自潰矣本道從之主簿又令一畓人先往語曰今日道中有緊要文書往萬承州不知何事金彪果賂差人取看乃大恐曰事急矣遂以藥汁逼其弟飲之一家皆哭其父毋抹之彪

曰死必俱死國滅改流不令少子得立也其父毋見勢兇遂夜抱少子來奔時九月二十三日也二十七日卯刻至南寧本道即刻發牌一往武緣一往忠州一往陀陵一往木旻一往四都集兵向羅陽又牌往各處防賊奔逸凡二十六牌辰刻乃召南寧衛指揮鹿鳴周令督領在城軍兵五百人兼同各廵司弓兵二百人持五日粮聲罪往討鳴周唯唯而出時合府軍職已集于衛大譁曰欲勦羅陽非兵二萬不可今乃以守城弱卒數百往是嘗敵也同人道言之瑕乃諭曰如羅陽有賊可多發兵今空縣耳多兵何爲衆

疑慯匏不肯起瑕曰已發牌武緣忠州等處集兵矣
衆仍不起瑕曰卽如此古法吉行五十里師行三十
里今自府城至羅陽二百餘里爾等依古法每日只
行三十里見可而進知難而止何如衆曰如是則惟
命兵乃出城徘徊觀望是夜止宿教場去城二里耳
次早木旻撫夷千戶克禾四都鎭將來稟進止曰俟
諸軍齊集耶將令乃發耶各路分頭速進耶瑕曰分
頭速進先到羅陽者爲首功葢四都木旻乃慣戰驍
雄羅陽所畏者去羅陽不二十里也卽以虎牌付二
人二人得令飛馳而往又以令旗差舍人隨二人后

故取道教塲嗚𠮷兵見之乃鼓勇向前不二日趨至羅陽果無一人迎敵時武緣忠州之兵亦大集金彪已與數十騎逃入山矣各兵搜山凡五日本道以元兇未獲再發與五日糧報曰田多熟稻户有儲糧但山大兵少無尋賊處瑕竊念兵已入縣金彪之父已降妻子已擒父老皆簞食壺漿以迎矣只一獨夫未獲豈可以一人暴師原野乃振旅而歸先是黃昂來奔瑕令李主簿帶在軍中各官爭以爲不可瑕曰如金彪統衆來迎衆見黃昂卽當倒戈未有率子弟而能攻父兄者也至是黃昂與其毋皆曰軍門恤我人

民全我社稷我願計擒金彪以獻具甘限狀來衆又欲繫彪妻子昂曰此籠中鳥耳乞留在我所令濟彪米飯通消息乃可成擒若彼聞妻子皆僇無歸志矣又請留李主簿將丁雷兵百人在縣搜山本道從之居月餘金彪之毋之妻果時以米飯蒸餅遺之同逃數十人陸續皆爲丁雷兵所獲尚餘五人李主簿乃召黃昂之弟黃鼎誓必立彪之子誓稟軍門不刑責金彪令自終天年鼎伺便付其毋寄彪彪猶疑豫一夜饑甚乃與五人者歸投鼎家至鼎門五人叩頭而去彪哭別之曰善顧吾子鼎乃飯彪三更馳報昂昂

鎖之以歸次日付李主簿解府監時瑕在蒼梧候李盤峯軍門交代也比歸南寧各官作揖揖畢瑕令召金彪父子各官啓曰此軍門誌所謂奇功也舊例當文武大紅鼓樂解審瑕笑曰何須如此即取出來既至瑕乃下堂當天語各官曰成功非難處功爲難黄昂三子揣昂之意或憐金鯨被金彪殺死而欲立其孫或愛後妻而欲立其子以本道論之金彪有罪罪其父而立其子則國無後害今當天與各官定之則我無後讒若稍遲則黄有瀚當印事又作矣衆皆曰然乃語黄昂曰知爾愛少子立少國必亂又知金鯨

之妻江州女也鯨之子江州甥也力可得國然我必不主張可分付各各安分勿聽人營惑妄有幹濟又分付金彪云立汝子是我獨斷無一人知者切勿聽人營惑妄有打點次早即呈詳三院定立金彪之子今將撫散賊黨併計擒金彪公行詳于后

撫諭黃金彪賊黨告示 辛未三月

照得四都之長沙冲禾壠寨那勒渠農啼嘵谷安定䭾塘渠菱羅陽之那昏白沙新灣壠五壠曲壠通陀陵之䭾丁隴阿渠羅花離横山宣化之木旻等村賊黨跳梁有年自舊歲秋冬至今皆土官黃金彪黃德

隆等糾合横刼宣化各處鄉村殺擄人畜燒燬房屋民遭荼毒慘不可言告勦情詞疊案如山屢奉批行本道議兵勦滅以安黎庶以泄人神之憤但訪得前項賊村其中多有良善而前項賊黨於內豈無悔萌或爲渠兇之所脅從或爲習俗之所汚染或爲公差之嚇而遁或爲私債之逼而逃一入潢池難見天日悔恨雖切自新無由此等痴惷之徒若欲一槩加兵未免玉石俱焚無遺噍類深爲可憫除元兇賊首積年有名撫按不宥者別行區處外合先行撫諭爲此出給榜文前去羅陽四都陀陵宣化木昃等村張掛

曉諭各村爲惡之徒榜文至日人人務要賣劍賣刀買牛買犢保爾身命樂爾室家勿謂上官耳目不能迵知而果於作惡勿謂土官鬼蜮可爲倚托而假以行兇勿以天威遠遥而梗化無害勿謂神聖茫昧而殺人無傷滌慮洗心省愆悔禍從今以前一應罪惡俱不爾究從今以後敢有仍前殺盜怙終不悛者定行發兵勦絶决不爾宥

計賊犯案内有名共五百餘名俱開列示内

以上賊犯撫按坐名擒拿本難輕宥但其間决有横被讐誣或指良善爲巨寇或以脅從爲元

兇者若各村里老肯具保結俱與自新中間雖
是賊首若能早自脱身歸首者亦准免罪若能
自相擒斬投首者仍行格外之賞决不食言

撫諭黄德隆等告示

照得黄德隆黄德盛前後被告積案如山昨乃歸咎
左州狂悖尤甚不思自已輕百年之社稷利群醜之
贓私負世及之　皇恩貽邊方之毒害自作昭昭之
禍放火殺人翻爲泄泄之詞誣上罔下新奉察院案
批蕞爾土酋肆無忌憚不知有官法久矣分巡左江
道查勘速報此其罪譴已深事勢已傚生民塗炭咎

在兵廵本道就欲調發各州土官督以軍將四面勦之分其疆宇念德隆申稱曾截獲喊牛洗誘雪恥等因犯非其分本難逭其前愆姑以其方姑且觀其後效明文到日仰卽洗心滌慮省改罪辜凡左道惑爾者深斥絶之主文誤爾者深斥絶之盜賊投爾執之來獻逋逃就爾執之來獻昔曾刼奪各村量與賠償是爾乃眞知禍改過者若仍前不悛棄民社之尊爲盜賊之行顧以謬悠之詞欺上則理所不容法難再宥天威赫臨滅爾香火

諭木旻村告示木旻乃羅陽侍以爲羽翊先招徠爲我用

照得木旻一村本我赤子供里甲之役納粮當差一向善良昨本道到省城蒙前南寧知府今布政司郭爺再三說昔年曾招徠安集效順輸誠後因該房發其宿牌公差恣其毒害怨讐逞其報復軍衛假以緝拿是以再沉汚俗洗雪無門僻壤遐陬天高日遠民之陷溺實可痛心榜文至日鄉閭父老可敦諭陷溺之徃乘時急攻切勿再聽土官引誘爲非若能相幾取便擒斬土豪定行出格優賞決不食言

其餘各村告示二十餘張 同上辛未六月

撫黃金彪父子告示 俱辛未六月

照得黄金彪父子作惡已稔告案如山新奉撫按批案黄金彪父子縱惡極矣分廵左江道密圖之以正法紀此繳此其罪譴已深事勢已儆讐之喪心之人自食斷腸之草姑聽以旬日若無人禍必有天殃附近村民各宜遠自保全勿聽其糾合倘金彪悔過省改別作呈詳

一牌行武緣縣揀練鷹舊二墟兵伺不時調發　鈌

一牌行各廵司淸查弓兵　鈌

一牌行府召募新兵五百名本道自行訓練　鈌

牌行田州爲擒拿極惡不法土酋以安地方事　九月初四

看得羅陽縣土官男黄金彪稔惡有年流毒地方人神共怒屢奉　撫院行道寄拿法在不宥但恐本犯聞風潛遁爲此除即行勦擒外牌行本州照牌事理即便分撥兵夫於衝要路隘晝夜把截如遇本犯奔逃至彼就即協力拿解有功人員呈請撫按破格陞賞各該員役務要用心加謹把截雖單人獨馬亦須譏察以防潛行逃遁此片虚聲實無兵也

一牌行思明府同上　一牌行南寧上哨江同上

一牌行思同州同上　一牌行那龍同上

一牌行隆安縣同上　一牌行萬承州同上

一牌行馱演同上　一牌行武緣縣同上
一牌行四都同上　一牌行武緣所同上
一牌行木旻同上　一牌行遷隆寨同上
一牌行那南同上　一牌行大灘驛同上以上俱九月初四日發

牌行黄金彪爲開諭自新事恐金彪逃入交趾故諭之

照得羅陽縣土官男黄金彪前後多次行牌令爾赴道自首免罪爾乃終化不省又令黄昂領爾出官爾亦不從今各賊供爾已成招案羅陽遁縣棄爾親戚故舊背爾欲逃隣邑隣邑縛爾東西南北所在以爾爲奇貨恨不能得爾出奔擒爾來獻取厚陞賞爾將

安之羅陽人亦恨不能得爾出奔免通縣刀兵之禍爾就居家不日又被人縛送此真進退維谷之秋只有本道許爾自新免死乃一條平正大路再若遲疑撫按倒招回來齊兵討罪此自新路亦塞了天網恢恢爾安所逃爲此再牌示爾付爾伏罪免死一票票內開有嚴限如過限被别人縛送雖有票亦難准矣

牌行羅陽縣爲撫安地方事恐虎號召土民結黨據拒故再諭之

照得羅陽縣土官男黄金虎屢年爲惡除行黄金虎令其赴道戒諭許以自新及各奪左州耕牛照陀陵縣事體少賠便了外聞得羅陽居民互相恐嚇說有

官兵東奔西竄殊不知本道總曾調一兵遣一將合再曉諭該縣各村兵民人等知悉務回復業保爾室家毋得聽信奸徒簧惑妄生驚疑就是木昊冲禾及爾羅陽各村首惡人等盡已擒斬餘皆不究况爾等良民各宜安心樂業務遵明示

牌諭土官黄昂

爲申諭事前後多次諭黄昂送出金彪免死爾不聽信今亦不責爾送出了看得金彪開關領兵攻刧左州罪一縱賊打刧宣化地方罪二恃强攻刧思同州屢告不伏罪三多搬擄誘人口賣與田州交趾罪四

部民妻女及四都近村妻女擄捉强姦無筭罪五窺
見爺婦顏色酖弟而納其婦罪六姦及庶毋罪七歸
外家姦小姨因欲奪之擁兵殺伊族目逆理尤甚罪
八憤生員程之宋併其主僕二八分屍揚灰冤魂未
雪罪九招集亡命浪賊殺弟意圖弑父罪十也有此
十罪安逃天刑令雖再三告要出兵戍守本道已一
一爲爾申明撫按未知允否要之大義滅親不可不
早決也今官兵人等處處稟要效勞進討本道念罪
止金彪一人不可濫及百姓所以止未發兵爾試思
之金彪今日處家處國如此他時能保爾子孫黎民

否爲此合再申諭爾可將告示曉衆各安家室毋多驚擾毋聽金彪指使自取滅亡其所招集㑉賊逐一擒拿先解毋遺地方之禍

一給示諭土民人等知悉務要各安家室毋多驚擾毋聽金彪指使自取滅亡

牌仰武緣縣九月二十六日

爲擒拿極惡不法土酋以安地方事照得羅陽官男黄金彪罪惡貫盈人神共怒法在不宥除別行督調官兵擒拿外爲此牌仰武緣縣卽將前委選練鷹墟舊墟兵二千名掌印官自行統帶前往羅陽聽令進

勦毋得遲慢時刻

牌仰忠州官男黄有瀚　九月二十六日

爲擒拿極惡不法土酋以安地方事照得羅陽官男黄金彪罪惡貫盈人神共怒法在不宥除别行督調官兵前去擒拿外爲此牌仰本官即將該州目兵統帶前來聽候督發調用毋得遲慢時刻有功即行呈請軍門給與實授冠帶各兵重賞決不食言

以上地方稍遠故先日發牌

牌行指揮鹿鳴周等　二十七日

爲擒拿極惡不法土酋以安地方事牌仰本官即便

統領目兵星夜前去擒拿積惡黃金彪務獲正身解赴本道究治明正典刑各兵毋得擅動一草一木擾害地方敢有故違定行處以軍法

一牌行四都守備吳世勲 同上

一牌行木昊鎮撫蔡艮能 同上

牌行思同州土官黃天賜 與彪世讐恐其乘機擄掠故諭之

爲擒拿極惡不法土酋以安地方事照得羅陽黃金彪積惡有年法本難宥乃黃昂自赴代男領罪除寬赦黃昂差官撫諭該縣人民安家樂業外牌仰本州土官黃天賜即加嚴諭部下目兵人等各守法度毋

得挾讐乘機擄掠人民敢有故違定行拿解本道處以軍法

牌行主簿李材

爲撫安地方事照得羅陽縣土官男黃金彪積惡有年人神共怒法在不宥除督調官兵前來擒拿外弟恐該縣人民無知妄生驚疑合行安撫爲此牌仰本官即同本縣土官黃昂分投撫諭各鄉村人等務要安心樂業保守室家毋得驚疑其官兵人等敢有擅動百姓一草一木者拿解本道處以軍法

牌仰陶源往陀陵縣　九月二十七日

爲安守地方事照得本道見今督調官兵前去擒拿羅陽積惡黃金彪第恐兵動賊逃把截爲要爲此牌仰本官齎牌星夜前去陀陵縣即同土官黃德隆防守該縣地方凡關隘處所照前令牌行事理加意把截或遵前咨計陰發閒諜設謀誘縛或督調兵夫就近擒解仍申令官兵人等敢有擅動一草一木者拿解本道處以軍法決不輕貸

牌仰隆安縣

爲擒拿極惡不法土酋以安地方事照得羅陽黃金彪積惡有年人神共怒法在不宥已行督調官兵前

去擒拿外第恐兵勦賊逃把截爲要爲此牌仰本縣官吏照依先令牌行事理即便分撥兵款人等於各處路隘晝夜用心加謹把截如黃金彪奔逃至彼就即協力擒解或設法就近運奇擒解有功人員破格呈詳陞賞該縣務要嚴行各官兵毋得怠玩如致踈虞責有攸歸

一牌行八尺巡司同上

一牌行南里巡司同上

一牌行修德巡司同上

一牌行南鄉巡司同上

一牌行横州哨江官同上

一牌行横州巡捕官同上

一牌行永淳巡捕官同上

一牌行渠樂寨同上

已上俱九月二十七日發

虎牌仰主簿李材齎捧令旗令牌部押兵士爲擒拿極惡不法土酋以安地方事照得羅陽黃金彪罪惡貫盈人神共怒法在不宥除督調官兵前去擒拿外合行號令爲此牌仰本官卽便齎執旗牌前去督押各該官兵人等務要遵守本道號令只擒拿黃金彪此外不許妄及一人有功員役重加獎賞仍撫安該縣人民毋得驚疑諭令各軍兵不許擅動一草一木擾害地方敢有故違輕則綑打重則綑解本道處以軍法

一虎牌仰主簿鄧天祿督押糧餉

一牌仰典史余倫管押黄昂妻子回縣已上俱九月二十七日發

申呈三院文書九月二十七日未刻

爲擒拿極惡土酋以安地方事屢奉部院批黄金彪父子縱惡極矣分巡左江道畧圖之以正法紀又批分巡道設法處之以靖地方該本道陸續招諭其脅從計擒其驍悍折其羽翼落其爪牙合縣離散黄昂已於本月二十七日投奔到道隨有偵事人役報稱金彪於二十五等日聚衆二千椎牛灑酒誓以死戰鑼鼓銃砲徹夜不息要徑趨南寧等因城市頗震本道諭衆日此自懼

自守虜耳然恐其糾合木旻四都反覆之民一齊煽動
卽於二十七日牌行武緣縣調兵二千行忠州調兵二
千行木旻鄉鎮將朱麒集本村鄉兵八百名行四都守
備集四都鄉兵五百名齊到羅陽界上聽令進發又行
南寧衛指揮鹿鳴周統領南寧衛兵戍兵共五百名各
巡司弓兵二百名作中軍前往羅陽兼統各處兵馬協
力征勦又令主簿李材押帶黃昻前去曉諭縣民毋聽
金彪指使此皆本道舊例所得專行者想憑賴威靈早
晚渠兇卽當授首但慮貴百全勝在多算其本道所不
得徑發如某土州某土縣兵本道所不得徑支如河下

商稅二千兩如本道贓罰一千兩非奉詳允不敢擅動伏乞批示得以便宜行事與瑕素性安靜素性儉嗇决不敢妄有調發妄有破費也

申呈三院請賞格　九月二十七日未刻

切以爲三軍齊集屬目於先登萬衆駢肩捐軀於重賞必上有重賞斯下有先登故重賞者所以磨鋒而作鋭用兵之最要也今羅陽逆酋雖一獨之夫然慮貴萬全勝在多筭望卽具賞格差舍人齎令牌發下本道示諭會勦羅陽土官土兵官軍廵司人等但能擒縛金彪者未有冠帶准與冠帶已有冠帶准與實授各廵司擒獲

者准與奇功事例超陞三級本犯宗族兄弟自行縛解者准與承襲各頭目獲解者賞銀三百兩官兵獲解者一同給賞庶幾恩威出自明臺各官知所鼓舞本道亦免擅專之咎

稟三院揭帖九月二十七日申刻

稟黃金彪殺弟毆毋逼父黃昂昂於本月二十七日卯時出道投見本道恐彪事勢窮廹糾合木昊四都反覆之民一齊煽動即日調度稍有施行具在呈詳文中竊見金彪耳目已剔心腹已剖未有剔目剖心而能久生者憑賴洪威早晚閒渠兇即當授首但念彼數日行屍

勢必橫突一車載鬼決爾猖狂慮貴百全勝多在筭昨揭上請懸賞格調土兵乞急賜施行中間應用錢粮乞徑批示或河下稅課或本道贓罰得以便宜支用事完呈報本道素性儉嗇決不敢濫有破費也謹稟

稟復李明谷按院揭帖　十月十一日

十月初十日戌時南寧發舟下肇慶二十五日回至梧州接到詳允文書內奉手教昨行悉聽詳處者蓋以事在彼中恐難遥度也茲事決不可已而且衆叛親離或用間客擒亦一力士之力耳少有間時遂成大患則土兵之調亦不容已在高明妙筭運於一心風猷冠乎百

粤必當防彼竊寇之難廹處我烏合之難一也等因蒙
捧誦惶恐惶恐仰見留神遠方加意僻壤凡所指授無
不中節且推誠委任不從遥制本道有請聽納如流眞
大智用人之規爲也此事總不出明臺籌畫今金彪不
過一獨之夫然而未就縛者皆諸人爭功互相箝制是
本道用人錯雜之咎也謹將情節大畧併各官禀帖開
具呈覽

一自九月二十七日發募兵民欵等兵前往羅陽拿
執金彪二十九日壓境初一日入縣至初五日並
無一人一馬對敵發兵搜各處山谷亦無無一寨一

柵眞明臺所謂衆叛親離也

一自二十七日發兵每人給五日行粮至初一日本道以賊首未獲搜山未遍仍發行粮徃給各官回報云云闔境無人田禾遍野各兵粮食有餘不煩支給云云古謂因粮於敵人無匱乏之憂實荷明臺威福

一自二十七日發兵即令黃昂一同回縣給領本道安民榜四張付照寧家票千紙前去招回土民恐各民無主依投金彪結黨爲死戰計也即明臺所謂防窮寇之難追也

一自二十七日發兵各土民四路逃散該知縣楊大部禀稱各民出境巡司搜捕拿獲甚非所宜得彼逃出以孤其勢最便本道即刻申令凡羅陽逃民一一放行敢欺擄者以姦指平民論仍每巡司發與寧家票百張逃出即給以此獨夫無一人歸附者亦明臺所謂防窮寇之難迫也

一自十月初一至初六日搜山凡金彪親人送米飯人打聽消息人俱逐日拿獲只是此酋甚猾毋夕幾徙雖親人不知其處中實有五六人是彼死黨如黃盧劉富之類雖獲亦願死不願領兵往捕也

一初六日本道以黃昂自願拿賊挈回各兵黃昂恐官兵回後四都木旻爲擾乞留兵在彼協力搜山本道乃留下雷嵩兵一百名付主簿李材監督之葢永康去羅陽不十里就近易以行事也發兵以奉揚明臺討罪之威然不可久淹兵衆况黃昂及宗族目老人等愿自拿送何必老師以索獨夫哉古云善用兵者其節短未覩久之巧也

本道挈兵之日即諭黃昂曰今入縣者宣化武緣弓兵鄉夫耳忠州一土司兵耳是本道得徑行者耳三院號令尚未至若金彪不縛爾羅陽尚堪幾

處土兵哉黃昂及各族目亦𣑽憂懼今未即拿獲者有爭功人在其間也然事勢大定矣此皆主簿李材用謀用力之致就使金彪縛於他手亦豈能爭之哉夫以羅陽陀陵四門都木旻南北五日東西四日之境民夷數萬乃使之支分節解群渙黨消父子相離兄弟相殺煢然棲深峝中異時雖田父紿項羽而獲之亦韓信力也

一初六日收兵初九日回府本道一一牘之初十日本道即發册下蒼梧欲遠近安恬金彪或以間歸其父毋可擒以獻料此時已迄事矣

呈報擒獲金彪文書十一月

自九月二十七日發武緣縣鷹舊二墟鄉兵二千知縣楊大韶督領忠州土兵二千土官男黃有瀚督領南寧衛軍兵五百名指揮鹿鳴周督領木旻鄉兵八百名千戶朱麒督領四都兵四百名指揮吳世勳督領前去征勦羅陽申令罪止金彪各官兵毋得妄殺土民於十月一日齊集羅陽各土民知軍門與以生路無一人對敵者金彪已逃入山搜山五日地廣林深不知去向本道以黃昂已降父老已簞食壺漿來迎王師只金彪一人未獲不可暴師原野只得收兵止留下雷嵩兵一百名

且搜且守至十一月朔日金彪饑疲聞軍門免其死而立其子於三更時分歸投其叔黃鼎家縛送黃昴處付李材解道訖此皆本部院發縱指示本道奉以施行而南寧府知府林喬相日裨堂上之謀坐制目中之虜同知劉漢剪驍悍之爪牙主簿李材畫多方之奇秘各官云云渠兇授首地方底寧等因

此呈敘各官勞最煩涉張皇撫按以為不歸功於上遂寢其賞

呈詳定立黃金彪之子

本道於十月初十等日前往梧州送軍門李督府交代至潯州聞拿獲黃金彪已飛報訖十一月回南寧各官

作揖即喚黄昴當堂語曰知汝次子金鯨被彪殺死爾或憐而欲立鯨之子又知汝晩妻少子有寵於汝汝或欲立之自我而論立少國必亂今罪彪而立其子則名正義順各宜安静勿生非分之望又下堂與各官當天語曰立彪子是本道黙定無一人知者今夜即具文明早呈詳三院庶免後議各官俱以爲然惟是恩威出自明臺本道不敢擅專云云

呈詳賞功支銷文書

該本道前具呈乞留河下商稅銀二千兩贓罰銀一千兩備不時緊急懸賞等用俱蒙聽納施行今衆兵齊集

共用粮餉止五日之供乃本道未報贓罰銀兩自后再發接濟回稱因粮於敵不敢再領比獲金彪又出伊叔與伊父縛送解道大抵主簿李材用計設奇之力居多照原賞格給與賞功銀三百兩聽李材自行分别給領隨據回稱支銀二百七十兩與各効力人員餘三十兩解回南寧府庫等因查得案内正月間各官稟稱要勦羅陽需土兵二萬餉銀一萬今元兇就擒地方底靖止共支銀二百七十兩相應呈明以杜冒破其有功卑官望更照原賞格留念叙錄古有之去食去兵無信不立本道不敢擅專后李主簿竟以讒落職非但無賞

定立黃金彪子蒙李按院駁議回覆文書

蒙明臺示下黃金彪殺死一家三命其子不當立或應改流再行查議等因查得案內程之宋妻告被金彪殺死之宋併家人共支解二命非三命也本道以羅陽一縣未僇一人中間難保他變姑定立伊男以安反側其金彪之罪果重改流之事非輕皆非本道所敢擅擬今前后事體俱已在案乞行布按都三司會議一斷立定萬望勿更行勘府道葢金鯨之子乃江州之甥力可得國而黃昴晩妻少子未免垂涎廟社展轉鬧卽起忠州當印讒賊之殃而遲疑鬧又恐有江州羅陽互猜之禍

關係非小謹呈

上殷巡撫議處八寨揭帖

瑕自二月十七日面辭二十二日至南寧仰荷台慈敷文振武遠近宴然一向無大事體未曾具揭祗候今大征事竣百官莫不趨賀瑕當隨衆人後冉其慶忭之忱兼稟承鴻規以效驅使廼四月十三日接到右江道

勅印併兩司文書知台慈委瑕暫署印事不勝戰懼不勝感激是日卽接于教云八寨之事極知草率然際之之術不得不如此望將先令一應議處事宜及先令所用員役通行詳觀審察見教或卽可另處或姑且從之其

中目前事體善後長策幸備敎焉今計只宜如所行且行之可也奉此瑕不勝戰懼不勝感激先是知縣楊大韶來見會議此事瑕以爲大韶奉憲牌專委當徑自申詳大韶謂申詳後終須行道覆議往返二三月恐遲失事機瑕終不敢主至是奉教連夜差人語大韶呈詳轉奪一面差人催黃暘出見四月十八日黃暘已赴道面諭以明臺非常之典矣此事廼明臺坐制治安不煩隻兵斗粮瑕以爲下趙舉燕英雄之畧也全國得衆仁者之師也廼明臺慊然以爲甚是草率又謂羈縻之術如此豈必勞師壽衆然後爲快哉又命瑕詳觀密察前后

員役瑕竊謂君子使人隨材量器不必求備如吳泉之練達如楊大韶之勇決如黃暘之識度如蕭紳之機微中間只一二人可了此事安用其多邵堯夫云多少英才在下陳不誣也呈詳文書出吳楊二人規畫多曾與黃暘蕭紳商議以瑕而論目前事體恒於斯善後長策恒於斯在明臺一裁斷間耳或謂八寨百年逋寇不勦而降終無固志或謂軍門洪威震疊八寨來降一旦舉以畀土官深爲可惜或謂黃暘無大功遽加超陞踰涯過分此殆細人之見請爲明臺計之鄭副使在右江三年鵰勦數處皆八寨切僯彼時八寨固已岌岌矣大征

應上無固志

古田雄師壓境八寨之民逃亡出外者夜以繼日彼其以得撫如再生即今保有性命樂有家室視古田何如其感德畏威可知也古田既靖八寨如更有異志大兵再集舍此誰誅彼有人心料豈不及故愚謂一撫可以永定者此也王者有分土無分民土官之官皆

皇朝之官土民之民亦

皇朝之民達人濶視自當一體今說者每曰廣西藉廣東之財賦廣東藉廣西之兵力不知可轉語曰土官藉流官之財賦流官藉土官之兵力耶二者相較乃可適均而今流官每藉土官之兵力土官實未藉流官之財賦也國家合兩廣之力以收古

應上畀土官

應上超升過分

田尙分大半以業土舍而徵輸調發以爲善後之圖者今尙皇皇使處置八寨亦循斯轍恐廣西之不支也舉以畀之土官不勞而定豈非策之上者大凡建功立業之朝不拘拘資格劄黃賜立功已加授五品服色查先年事例岑鐸以官弟授武靖知州李廣寧以憑祥廵檢陞憑祥知州若此者凡爲地方計耳假令八寨不服須費用兵不知陞多少官爵蒙多少冒濫今以一知州兩廵檢故印坐策久安最簡最便若更係吝是項劄忍恐事機一失更勞神慮且授人以莫大之權者將責人以莫大之報異時黃賜戰和八寨控兩江上流左之北

三比五抵于融懷右之遷江上林䢴于潯貴各益無淵藪以藏身必易破敗縱不破收調八寨之兵以趨之若決龍門而注蟻垤其掃蕩易易也故此之舉明臺以爲草率叚以爲最妥帖者一得之愚陳請定奪中間首事人員奉啓畫建大功者冠帶職事似宜急有以處之俾過其望叚不勝惶恐隕越

上李按院揭帖

叚自三月十一日奉違台範每念旬餘坐春風中鄙吝潛消師資不少感仰之私時存心目以近無大事體未及具揭祇候四月十三日接到右江道

勑印乃知台慈不棄疎庸令暇暫帶署掌感而且懼報稱
爲難右江與左江不同左江只江中寇竊十數人及宣
化之西鄉羅陽陀陵之恣横各不過三五百人當寬當
嚴事在掌握遲以旬月諒報弭寧右江之勢乃大異此
東西南北在有賊巢少者數千多者萬計危峯峭壁鳥
道羊腸急則潛蹤緩則出刼逐之則窮旬不尾其後舍
之則連歲不免其菑從古以來年年有剿職斯土者㫖
履春氷兹幸明臺振飭紀綱宣揚威武古田收復八寨
來歸比之往時十愈八九今所計者古田善後之策八
寨作新之方兩者旣有要倫自餘當隨條貫古田之事

任之者皆當世英傑既善作而善始必善成而善終諒在明臺不勞掛念前蒙發下融縣生員李承芳奏獻鄉等狀詞二紙批分巡右江道會同該叅查議速報已遵行叅將王世科會議回覆大抵大兵未退之先或獞或民總是俱焚之玉石大兵既退之後已撫未撫咸容曩日之室家既其怨咨在所不免則其剽掠亦所必然事在遠方難遽懸料以愚而論如痼疾新愈元氣未充或手足時有痛酸或肌膚時作寒熱不必更加攻治少俟自見平安已有保元尋常之劑付與縣官兵欵暫服待彼回報別作呈詳茲專差人先馳稟候后果片紙解散惜無存稿

撫安八寨呈三院文書節畧

一爲招安事看得八寨不沾教化久矣今軍門宣文暢武勦復古田威聲赫奕是以薦紳奉片紙招之從風而靡乃韓信下趙得燕之勝筭後經委知州吳臬知縣楊大韶兩次進峝逐一廵行其鄉落相視其山川慰勞其父兄議定其事體諸所經畫卓有規繩減二千兵爲一千以撫安之民不煩兵而定也改二長官爲一州以蕞爾之地不容兩雄也於龍哈咘咳設兩廵司以二處獷悍先奪其所恃且使我有爪牙也移思田守備於鳳化城側所以宅道里之均控內外之要張形勢之制也龍

哈唏咳田畝令寨民認粮照舊管業寬以示惠處要荒之義也知州職事取彼故印援舊行事例可不煩而辦也建衙宇計工料取諸贓罰軍餉又其費少而用當者也或者謂百年逋寇不乘時以歸兵掃之乃事招安殊不知百戰百勝不如不戰全國得衆仁者之師也或者謂黃暘以巡檢超陞踰涯過分殊不知無功封四千戸英雄以此慰趙子弟將藉其力以定一方也本道再三與知縣楊大韶及義士蕭紳面稽委曲咸謂如所措置可詒永圖合候呈詳允日照依所議惟復別有定奪

上李兩廣軍門

瑕承乏帶管右江守巡道印務未奉鈞裁一應事體未
敢擅專所有八寨聽招已將一年未見妥帖前奉明臺
批據議八寨事體如果各尙老出於誠心聽撫設官分
職以相繫屬使地方數百年之寇患銷於一旦眞爲大
幸但恐夷性難馴彼見目前我兵方盛姑爲此柔順之
辭以緩征伐耳且下雷上映土官未經回審其與向武
分管州治有無別議其力果能制服諸蠻能不叛否仰
再查議通詳以憑會 題施行等因仰見台慈慮事周
悉不出帷幄之中明見千里之外後來二處土官果因
未經回審以致分管參差今該知州吳臬知縣楊大韶

再入八寨逐鄉遍歷與諸父老及土官黃暘商議詳悉土官親自赴道承領矣本道又再三詢訪得八寨之民淳朴太甚不患其心之不誠惟患吾處之不得其理不患彼之服而又叛惟患外間積年生事之徒或逼或誘仍致爲非不患土官之力不能制伏惟患制伏太過或不堪命乃爲他時之憂今如申文所處似可保十數年治安伏乞裁酌施行忠州事四月二十四日已遵成命委指揮李守中主簿李材齎州印護送官男黃有瀚歸州訖二事爲左右江頗大者咸賴台右發縱指示前道運謀各官宣力瑕不過執轉遞文書之役耶今牛巳穿

鼻馬巳鄉鐵隨所駕馭惟寬以處之卽當寧靖又昨報
李巡院揭帖併塵清覽蓋古田善後亦貴静以湞之恐
遙聞異議别聳台聽是以布其愚衷

撫安八寨上殷巡撫揭帖

瑕目五月十四日到柳州府意欲竟趨桂林面領台教
廼柳州非常水災城垣倒塌内外洶洶只得且駐以便
宜撫恤之八寨事大體已定本道前呈已悉今因中間
委曲稍有改易再此呈上以備採擇

一衆謂處八寨之内易而處八寨之外難故定八寨
之職官易而定三里之守備難非温仁足以撫諸

尙之夷剛明足以戢食尙之暴機智足以彌通尙之奸威力足以制附尙之黨不易任此黄賜旣承領寨内則通尙附尙之在外者固不足慮然外倘無人則久後終易搖煽故重事權添兵力之說衆議皆以爲然至於擇人付托則尤望裁酌非他人所能與也

一古者英雄策勲多不遥制曾考永樂年間平定交趾發吏部空頭劄付二千張與本兵之在軍中者隨才授任凡欲早定職官以安反側遲之恐生戎心也龍哈㖊咳兩廵司前議已定黄昌韋富黄昌

韋富已承領因徃返之間動輙月餘所以在事內者多疑在事外者多兾兾者爲危言以搖疑者所以疑者愈疑疑者爲遜詞以示兾者所以兾者愈兾黄昌之於龍哈乃有兾之於其傍韋富之於咘咳實則疑之於後凡以遠請不得早定之故也伏乞裁定

一本道初到三里只八寨與咘咳峝老出三十里迎見後龍哈亦來見大抵軍門威德所被勢俱風靡其八寨外在上林縣界者四月二十二日被知縣王*一岳親勦二巢招其逃潰餘巢以次欵附本道

至三里各來見一一以軍門嘉惠之意開諭之莫不叩頭願伏本道至迎恩堡來賓之北三北五尚老二人來見亦願招安皆軍門勦古田撫八寨之讋伏也北五二鄉老叛伏不常本道仍厲以軍門漻威示以八方俱平後服先誅之意各汗顙落鼂似亦可以柔道濟但來賓還江一帶文治不振久矣衛所官旗以尙民爲奇貨百般陷穽尙民自出世無與言禮義者惟見軍官捉去便須銀抹命惟見爻兄捉人捉牛便可養命以爲世界盡是如此是以罔然不畏今得循良官綏緝一日可保一日

之安但恐一暴十寒害之者衆而教誘之者亦寡則未卜其終耳

呈殷軍門文書

看得軍門德威震疊遠近畏懷窮谷深山來歸恐後八寨之聽招毒其委心帖地更無狐疑者昨初九日本道親到鳳化城相視守備駐劄衙門各寨耆老俱率趨迎自言從來只是無官作主是以爲亂先年設立九司乃如守堡頭目莫相統攝久且自散以至于今今若得官撫治雖賞亦不作盜其言甚切本道因敷宣軍門嘉意以慰安之莫不懽喜再體得舊凡八寨民出入皆守隘

目兵每人柚錢四文其肩背魚鹽者或十文或十二三文恂恂與之不敢較間有被衛所軍兵尋事拏禁者指詐銀十兩二十兩不等三里舊設指揮守堡村老多被尋事拘禁一罰定要一兩三錢天高日遠寃苦無訴廿心爲盜多由於此尚中亦有老成者然不能禁其惡少所以望官作主實出眞心本道前據吳臯楊大韶呈詳轉覆未悉此情相應再爲詳請乞早定官職去苛政委付得人立見寧靖耳

稟督府李盤峯

八寨事凡皆主之於上議之於下報不過執傳遞文書

之役然一得之見亦不敢默默以負仰酬之志也今長
官司之議已定各土官已出承管但恐權輕勢弱寨民
內玩奸人外煽未爲久安之計宋真宗荅寇準云數十
年后別當有人任之者今亦不必遠爲之慮也伏承明
諭謂古田事勢大定有何可疑非但此事大定雷霆之
威擊一振十今右江千里處處送欵但恨少明快縣官
不及時撫定而積年軍衞梗塞於中下情不宜上德不
究是以見效稍遲耳瑕過來賓抵五嵒老來見且陳請
官入嵒定里立保凊粮約法察其所言似可施行附註
末見仰候鈞裁大抵古田掃蕩則八寨若草之從風八

寨招安則諸崗若魚之失水氛消祲散不待烈風之吹
雨霽霧收何假太陽之熯今但獎率有司趨時疾徃副
彼雲霓之望是討之上諸所呈詳統祈台炤忠州官男
已送護歸州歸州之日即給印信領去矣瑕到任一月
議各事宜都未妥帖官族惡目彼此猜阻瑕恐奸人營
惑其間乃不竢事體帖否立地遣去且當堂語衆官曰
需者事之賊再遲我與諸官皆罹讒謗今州民已臥帖
席矣惟四都木旻諸賊去年猖獗特甚流毒數縣百里
蕭然瑕初到以東西用兵南寧脆弱姑招撫之今四月
二十三日復背招出刼衆官議謂欲處各賊只木旻一

村須兵三千前所以乞留堪動錢粮一二項以備不時之急今同知劉漢以密計擒木旻首賊陳嵩李胝二人乃百夫之雄衆所恃者今奪氣矣又以密計擒刼江首賊李志文蘇成現何時龍吳汝亓十數人若俱如此默奪潛消殲渠赦脅似無大費矣劉漢是有才有守任事任謗之人前因究稅課司項以時贓罪上司欲庇之不得家僮一啓口卽送道遞回其峭峻如此故怨謗叢之瑕自念冐一方表率之寄各官如有放肆不能上陳是不職也如有被誣不能上白亦不職也至於鄉里有不才而爲之曲庇彼不才者非但恃以殃民且將號於人

曰我能爲爾過送以塗附坭同歸汙染豈惟不職且不智之甚也故終日兢兢惟恐賢愚混淆以負台慈作人之厚以累自已當官之常阿循鄉里瑕不敢也右江大水諸父老謂百年罕見占書云賢否倒置之應瑕稽之數驗鄭憲副鄭知府二人留心地方良工獨苦乃一轉冗員一罷歸去墨如漆如大水安得不爲殄鄭憲副在任踰三年鵬勦地方多有功次可謂之勞自到任日令各屬凡本道贓罰盡報循環一賓州三年乃有二千兩可謂之清毎日支應止鷄子數枚間日肉一斤故冊可考可謂之儉土官事多不卽行語瑕曰凡土官告爭切

莫偏主太過但緩以竢之久久自定其知大體又如此
瑕會聚不三四日然承其后所以知其槩台教報彼覆
舛辭意惻然是以冐昧饒舌

稟殷軍門

前日面奉鈞諭取主簿石維端循良事實仰見台右兼
收並錄不遺卑官幸甚幸甚古云一代人才自足一代
之用以瑕而論人才在世果有餘也左江道如南寧府
知府林喬相潯州府知府陳復升此兩官者英猷雅志
皆非瑕所及其林喬相前於應薦揭帖內已詳考語事
實不敢再列今將潯州一府自陳復升以下具其大者

呈上以備採錄夫薦賢者不厭其多今止稱三二人實
瑕不敢誅率之私伏乞詳炤

呈殷軍門文書

爲懇乞天恩照例暫准傘帶以彰軍威以便日後領兵
報效事看得土官世及原無階級之陞軍門洪恩只在
服色之制所以一劄之付奕然五服之章坐令九夷八
蠻莫不赴功趨事典似輕實則甚重權在上不可假人
據族目羅世璟羅顯珊等狀告羅忠輔立功蒙准行查
等事若以廣東先年功次而論則案在憲臺本道所不
敢預知若以古田近日勞績而言則恩出撫巡本道又

不敢代請倘轉行所屬又安足信憑伏望操獨斷之權酌不常之典或查羅忠輔先年果有功級一千未蒙叙錄特與傘帶固所以甄遠勞或查羅忠輔近日果偕東蘭二司同守地方並與傘帶亦所以責近効皆非本道所敢擅專擬合呈請此呈後殷石汀屢有帖示公於左江可謂中流砥柱湼而不淄者矣

稟殷巡撫揭帖

五月二十日未時在柳州奉到十六日劄付見明臺所處八寨事十分詳悉所以約官職勅紀法抑僥倖杜覬覦者義正詞嚴一斷立定眞足以服要荒安反側也即刻轉付各官併取承管計數日內可以回報承別紙示

諭云如有他議不妨議示等因所有愚衷既不切於目前且以在於事後似應結舌更避整冠然承下問之懃敢負仰酬之志謹開列一二詳具日月后先事由顛末

伏惟炤亮

一瑕自四月十三日奉帶管右江之命十四日即速吳臬楊大部呈詳十七日呈詳文書到道十八日黃暘來見十九日具轉詳具揭帖二十日書手數人寫揭帖二個呈詳文書二件書冊二本方冊二本二鼓乃用印二十一日即發驛申報凡若此其急者一以乘機搆會早定反側二以速報明臺三

以防姦人邀利指騙上下俱玷也

一黄賜初以子幼辭謂取其子管八寨故以子幼辭似無希冀之情后吳臯與楊大韶客議既定乃以諭賜益出於我非由彼也歸至中途蕭紳始知語大韶曰此值千金不可輕與大韶急來語曰若大韶少存避忌不敢主此瑕曰豈但公等若少遲二日瑕亦不敢主此是以立召黄賜諭以恩從上出卽具轉呈不留晷刻凡欲事之早定譏無自入貪利者無自售其求也

一上官以得一服一傘爲希奇之寵况巡檢歷州太

踰涯分瑕非不知其然但以八寨山河百里煙火萬家分明可作一州以增壯江右之脊郡以增光三院綏來之偉績以增重守在四夷日闢百里之皇圖瑕至三里時竟夜獨念謂棄此山河以與土官深爲可惜先日陽明先生改流設縣建官分職寘有創造宏規欲依其舊畫又念改流費兵費根費城費守終不如土官之簡便是以於五月十七日再爲具請今以一長官司澁之想亦即安然權輕職小異時衛所哨堡積年之徒易爲擾攘擾攘不堪恐尙勞神慮益慮在外不在內守在權不在

兵也后果以優攘再勦之

一瑕初見蕭紳即語之云君子一心可以成萬化小人百惑足以喪邦家八寨事爾既爲功之首矣不可復爲罪之魁但使內安外和軍門豈肯負爾年深日久資費必當倍爾蕭紳唯唯葢細人淺識或收火竈或索分例或邀厚賄皆所不免此當管鮑寬之仍當資助其行事恨瑕無陳平四萬黃金在手耳瑕恐明臺念瑕爲紳輩所罔是以布此夫子云寬則得衆惠則足以使人又云君子之使人也器之小人之使人也求備焉今蒙千總名色之賜

誠爲大幸瑕以爲冠帶似不可少瑕昔居家時見南部劉副使冠帶劄付時有錫賚以虛名收實效亦君子之大權固不可濫亦不可吝又此須出自明臺立授使他人不測則恩更渥兵法云賞厚危吝者沮惟明臺之留念

議於四都建州申稿

爲陳末議以資善治以杜積寇以安地方事據永康縣王簿李材揭稱照得四都乃棄置之地先因思明府與忠州争占屢年搆亂後議屬南寧遂寢争端其地接南寧宣化前襟大江而間於各土夷之中地不改闢民不

收聚恢然一邦邑之址基也嘉靖四十四年該南寧府方知府已議通申創立縣治委官勘處都民相慶奈軍衛以四都爲蒸嘗恐立縣而絕是差之望卽鼓都民以立縣官多而費廣築城勞民而傷財民聽其誑及各都長家居打人問罪亦一岢之官也其中奸宄黨賊者皆樂玩縱而畏節制遂倡議具告上司疑惑中止論者無不爲之太息且䭾盧纑吞四都充禾長沙陀陵紅心梟黎䭾丁羅陽弄曲白沙渠覔宣化木旻根竹州新庄舊庄各處鄉村遠近相望因無杭近有司州縣致各賊縱横或聚衆沿江刼掠商船或渡江流刼宣化欽廉各處

地方雖設有四都營木旻堡然卒無補於事者何也緣委各官只一年一更且武職多以軍功陞少以政績顯故皆事優游以悅都長之心爲之敺利賊犯發覺只隨俗令其科罰延捱過年此地方所以不能肅清而盜賊放縱有由也若於此處照上思州事例建設一州屹立一方握喉抗背使土夷不敢縱放諸賊不得流刼增南寧之屏障爲無疆之寧謐此萬代瞻仰也又查得宣化縣渠樂寨土巡檢司與四都接壤相去僅十餘里與白沙木旻新舊二庄各處相連而各處賊徒渡江流刼皆假道其司該司受財貢路黨惡分贓雖四都立州輿圖

自足固無待於割地以求增第改該司麗其右亦一指臂也況當各賊出入之門戶若改流歸屬勢相聯絡賊將不得南渡而南寧宣化太平各處之鄉村安枕矣又昨宣化縣與忠州告爭那投一十五村皆與四都襟連之地今已斷歸歐元數等訪得羣情謂其地屬忠州已久忠州復執原有斷案爲詞久後入耕恐相仇殺若將前村田地沒官在忠州則坐爲貶罰所削之地在宣化則坐爲久争不明之田盡數歸附四都委官丈量定稅則兩情屈服沒齒無怨矣又言者多以建州築城勞民傷財切照左江州縣無城者多如上思州左州養利州

永康等處俱無城池合比照原土改流事例舂築土城其創建衙門木料採取諸山所勞所費能幾何哉又設官制祿或者不免以支應不足爲言切查每委督備官到都日逐供給銀兩與夫紙劄油燭酒米柴草之類及軍吏軍牢日給之銀難以悉計大約周歲費銀不下七八百兩若建州設知州一員歲用柴馬俸糧焉能費其三分之一而跟用皂役土民輪編應當一舉兩便不費之惠百姓感恩無涯等因呈稟到道查得先據養利州知州歐次顔呈稱南寧西沂太平江道綿延六百餘里山木森蔚津塗荒凉土寇出没因無流官制之爾四都

正猺咽之地於此而設治臨江匪徒可以撫集都民而羅陽陀陵之頑夷必畏憚不敢肆上下舟楫可恃無恐又爲太平聲援利賴匪細四都疆土頗狹宜歸忠州使地以益之他如宣化所轄如禾一二四啚去縣阻逖遠貧殊多積悍已久莫若分拆三啚併入四都以與州治而統屬於南寧斯爲兩全等因該本道看得四都自土官争占沒歸南寧以來反覆久矣非有豪傑割據之雄山川叢峻之險然而數十年不靖者蓋人謀之失也今兩官往來其間皆三二歲習知其人情地利是以言之親切如此除所陳弊端不必追論姑以其所請數事策

之一曰地廣足以建州本道詢之衆人皆謂爲然而知州歐次顔謂將四都建州强於養利一倍養利尚可作州而左江各州且有小於養利者抑何有於四都此其言之有理者二曰物力足以設官本道訪得凡委督備四都者昔年咸有千金之入四都之民亦安意奉之至指揮錢應龍恣其狼貪乃致激變此實南寧士民興言今設一州官計俸薪夫皂凡百供給安用千金況有土有財古今通義在隨時而制之經耳三曰建州以控太平南寧之要衝看得自南寧至太平五六日無一流官往來者以爲畏途昔人謂治廣之道用狹今於四都建

州治以聯絡之亦用狹之一道四曰建州以握陀陵羅陽之睺咽看得羅陽陀陵二縣凡附近四都鄉村皆交通行刼今設立州治則其禍不禁自戢亦勢之必然五曰改渠樂寨土巡檢司以為四都之指臂看得渠樂寨土巡檢賣路縱賊坐地分贓告者殆無虛旬凡以去府治遠肆無忌憚也若建新州改屬甚當六曰沒忠州所侵宣化地以為四都之附益看得忠州侵地先該本道責令退出就以彰削地之罰欲詞嚴義正忠州更不得以原案爭也所退地就招狼兵耕食慮宣化之人往耕或仍起他時之隙也凡建州治必須兵守凡募兵守必

須粮餉本道前呈詳議處忠州傒地事中有因粮於地寓兵於農等語正爲四都改州張本未欲先露今兩官議及於此乃不約而同但歸粮定稅於四都不若招狼兵駐食遂爲四都戍守兀然有虎豹在山之勢從此忠州羅陽木㝷陀陵不敢動矣七曰築土城以恤民力採山木以建官衙看得天下土城甚多非特左江爲然今當且築土城實爲省費其建治設衙採木鳩工亦小小經費可指顧辦耳八曰分拆宣化三啚以屬四都看得宣化如不等都去府甚遠官府每苦於追攝之難里老亦病於奔走之憊錢粮多欠職此之由若四都立州改

屬甚便以上皆本道廣詢博訪輿議僉同揆其機宜有利無害要其肯綮惟斷乃成伏惟裁奪

定四都州址揭帖　上撫按壬申年

祗承明命於正月十三日親率南寧府推官劉潔太平府通判唐鯉化推官王見可等前往四都相視建州之地乃於沙水都長沙村之南土名定祿岡得吉壤焉䖍握羣盜出没之衝山控各邑往來之要太平順水而下信宿可通南寧遡流而西三日乃至華陽在西南武黎在西北總不過一日之程木旻居水北渠樂居水東乃不出十里之外誠爲地里適中之處且無田廬占壓之

虞自開天以來所未居似太初之秘以有待姑以形勝言之長江之水千里西傾而定祿之山幾程逆上到新庄之左近巳旺氣之騰驤百里平岡金水湧尋常之浪三穿大地廉貞參尺五之天亂石如慈鴉之點田方印類仙童而護脉金梭拋度愈細愈奇玉帶周圍且貴且秀其行龍有如此自變穿梭而後遂翻曲尺之形金之頭土之身嚴凝重厚卯而艮庚而酉轉換精醇西職洪流石骨開淨於右戶中涵蔭水天池孕秀於明堂一色冲和含精發采四圍包裹聚氣藏風其入首有如此瞻其前則柱笏排印觸目皆可愛之山顧其後則列幄繞

屏葦背有無窮之幛左龍右虎中啓一門卓戟攀鞍備呈衆美生成獅豸或云一角之麒麟翔集翟飛人謂駕車之鸞鳳隔江石笋一一特拔於地中垂佩金魚兩兩近親於肘後其砂法有如此大江由庚而轉丁復纏元武小水自田而徂澗皆出青龍丙向丙朝陽樞爲入格之吉陰山陰水天機無半節之淆曜氣墓泉分毫不犯丁來艮去福祉永禎其水神有如此數十里之明堂豈但能容萬馬重疊山之水口眞爲不漏一針似玆結局之醇定卜發祥之大從今啓土山川鬼神皆寧永奠攸居鳥獸魚鱉咸若他時民物決冠左江奕世文章應華

南國此其堪輿之說遠或難徵且喜文軌之同今斯爲烈是皆台右丕揚聲教施及蠻夷普錫仁慈收恤荒服是以土夷向化山鬼效靈日朗風和煙消霧釋百工得以集其事本道因而董其成除一面計度工程分頭委任料理作務陳力興行所有地里圖本封疆四至城池丈數及應請事宜開具圖冊先行馳稟

計開

一定州址該本道親徃四都舊營看得原日議建城池之地懸山逼近肩背通風堂局狹隘非永禎之址乃沿川步水卜吉於沙水都之定祿岡在充禾

長沙木旻三村之間此三村者古稱盜區今卜地既吉又握三村之喉而拊其背爲策之得已詳具在別揭其地雖視四都爲稍東然旺氣攸鍾官民俱泰實爲長遠之慶

一築土城計城東西二百丈南北一百五十丈每丈脚厚一丈二尺頂濶八尺高一丈二尺分派四都起鄉夫執役官給與米作工食計城一丈大約給米二石先完先放如有築作不堅日後崩頽者責令賠工其四門及墻面須用磚砌一面召磚匠給與工價陸續脩砌其磚瓦等項在四都開窑燒辦

價尤廉賤以柴草近也

一議里甲各都聞建州之議細民歡喜得見天日惟都長舊日皆私其土地私其人民細民見都長皆叩跪如官司今恐州治一建村村皆爲編民不得如向之武斷以此有告乞縣上思養利等州事例免編里甲者本道以舉事之初姑未深斥其非詢之衆官謂正宜及今新邦與之編定又謂四都與宜化爲僻易於更化以本道揆之前此三十年間只武職一員領軍年十數名安集到今果易治者但通變貴於宜民爲政先於巨室今宜漸成而默

奪之倘必要更定必編里甲亦不難耳

一籍流寓廣西左右江各府州縣半是廣東流民寄居或買田收租或娶妻住宅多有長子育孫者然無一人得立籍是迹於版章之外非制也所以然者葢由土人恐別省立籍冒此間廩粮貢舉是以厲爲告禁看得左右江士夫出身生員在學多承藥以後軍籍亦別省調來耳只爭先後閒便禁絶後來置産立業之人非公也在別州縣固難遽開此例若四都新州正宜查流寓之民凡買田娶妻造宅其地者俱許立籍當差有佃丁多者本身許

充里長而佃丁便爲甲首如此則一二年閭里甲不嚴自立矣

一正田粮各都舊日納粮六十石每都一十五石不論田畝挨戸派收今州治新建宜姑如其故使政俗相安其流寓買田收租者須要告官收戸納稅以輕爲主大抵每田一畝納粮一升每升只令出銀一分明示諭衆似當欣然樂從矣

一設兵守昔年四都改流之初曾設守備衙門戍兵三百後日漸減革近日不過軍牢一二十名而已武備單弱寇盜之所由起也今建新州該本道前

議謂將忠州吐退宣化之地召田州等處狼兵且耕且守因糧於地寓兵於農已蒙准行合候狼兵到日一面分撥耕農一面派定戍守務使分班上下時有百人在州庶幾可立又下雷峝歲守南寧戍兵百名今既立州在四都據南寧上流則南寧形勢愈壯地方愈安前項戍兵當移守新州二者皆不俟另議糧餉取給見成深爲兩便

一併驛遞自南寧至太平陸路約三百里舊日以四都爲畏途行者皆由羅陽弓背曲路四日乃至且山路也今建新州是弓弦直路三日可至又平路

也合於新州立一水馬驛將永康思同羅陽昔日所合當之隴茗驛追銀解支荅應則公私皆便其永康思同羅陽日逐文移原有土民舖兵走遞兩不相妨

一來商旅四都上通江忠二州年間多出麻豆綿花山林田里之利商人往販者在在而有每恨盜賊出沒無以自完先年立四都營依營而居者百餘家然風氣不融生理凋瘁今建新州擺水路之便各商輳集勢所必然其附近左州有墟場一二處平日在山爾貿易時有戒心今建新州亦必移附

城郭以此策之不出十年新州當爲煙火繁鬧之邑但貴艮有司勞來安集之耳

一建廟宇計城內當建城隍廟一所文廟一所兵備道衙門一所州衙門一所凡用磚瓦木植灰石之類皆先召各土工瓦作梓人石匠分頭領價備辦竢年終交春吉利刻期建造其人才未興敎化未著者似宜且設社學以教童蒙學校且未宜立恐滋冒濫

一處經費凡建州立國軍需爲急驛傳次之各官廩俸次之薪馬又次之今各項皆因舊爲新不在措

處截長補短苟以合完惟是興創之初所須者築城米食燒磚人工採木價値匠作供給旣不能神運而鬼輸又不可家徵而戶派請支在庫一二項或已厭煩借給軍需數千兩恐卽告匱此不可坐視無措也查得里甲編銀乃以雇役代身役之頁法今左江各縣頑里有旣不親身着役復不納銀在官者以十年一役九年安閑之人而頑梗如此所宜嚴追以濟急用又隆安縣舊例有正粮之外派賠絶粮歲銀百十兩皆縣官埋沒入已該知縣鄭時賢到任卽申詳解作軍餉等用此項亦可借

支又各驛革去舘夫編銀答應計所編之銀多有剩餘毋被各縣收頭人等侵欠此乃徭差役銀在皂禁等役一一已納獨此剩餘者分毫無存此項亦可追用以上各項若不查追俱入奸人之穽深爲可惜若一一清查緊廹必有怨謗然任事者不得不任怨且不加賦而取給亦爲政之善經也伏乞裁奪

稟郭軍門

暇自拜違模範祇領丁寧回至左江奉以早夜小大庶官恪遵成憲一方安靖是逭罪辜所有合行事體俱在

呈詳文中伏惟台炤只今惟有新寧州一事頗爲重大
然築城鑿池鳩工聚材各有次第計七月可以成土城
八月可以成州衙九月可以成州堂十月可以成文廟
各官人分一事而本道責其成不敢稽嚴命也以瑕計
之新州當南太衡衢昔日但忌四都木旻羅陽之賊耳
今建州治四方之民告來居者近千家以道里便商販
易也不已爲煙火輻輳原議土城似當甃之以磚計城
七百丈磚費不過三千兩不及今措處他時不免因循
如蒿明謂然容本道卽陳措處一二以請上裁

稟殷軍門

伏承鈞諭再三命瑕開議兵議食議撫議勦議水議陸以仰裨採擇瑕不勝惶恐凡軍旅機宜高明洞燭無餘而文武濟濟布列在位類皆條陳有體在明臺兼總條貫之下一聽斷間耳今不揣疎劣謹列一二仰酬下問乞度其可行者採之其不足聽者望隱之焚之語云不啓失臣瑕不任悚息

一瑕聞之時者事之會也機者事之候也斷者事之决也需者事之賊也畜疑敗謀兵有拙速未覩久之巧也且以從化言之烏合之賊千餘耳四路官兵已逐歸巢而剿之矣議者乃欲且緩以竢后舉

此似失計何則兵退再聚賊嘗兵威習慣膽大一也兵退賊氣復振黨復合討之倍勞二也使兵退而不費粮可也今退與行等旣退數月又乃可進是虛萬衆數月之粮三也凡嶺南用兵必以秋冬至春初爲得天時少遲則雨水不利今一退兵春雨卽至是將復至來秋民愈塗炭四也今當台右涖政之初各道文武争自表見之日兵士聞令旌旗改色之秋善用兵者用其鋭氣正此時機不可失也瑕以爲卽宜飛馳令牌督令滅此賊乃朝食仍客諭各任事之臣激之勵之必有立奏之績此

功一舉則取威定勢東方之事破竹易易矣

一昨面奉鈞諭云今當宣諭林道乾令其解散諭之不從然後舉兵誅之此不易之策也中間宣諭之法卽有至元之機惟台慈施之以至誠則誠無不動耳語云黃石公有秘法在人間此可深念何則欲生者人之同心也岳飛破楊么於湖中其巢至險其黨至衆然卒之剪其羽翼落其爪牙剖其腹心游刃乃有餘地者因人人各有欲生之心而人人各與以可生之路耳良醫用藥以宣散爲神功瀉下爲拙手大凡賊聚數千必有頭目數十百人

百人之名及其高下長短之枝親戚閭里之處向背順逆之情皆廉知之而又使彼情可直達於我則何堅之不解兵法曰攻心爲上

一凡督府兵備衙門書手門皂多通同軍舍職役人等漏泄機事機事朝發於秘府夕傳於盜賊以此征勦地方元兇無不先逃者故機事不可不密然愈密愈彰惟密之在心而已密之在心者爲而示之不爲用而示之不用將取而與聲東擊西則形人而不形於人神明在我矣法曰垂其所之又曰多方以誤之謂是也廣東老賊爲獶智軍官所玩

習兵機頗深要當秘之又秘乃衆妙之門也

一凡云欠鈌錢糧議添兵食者皆衆人之見可靜聽而黙察之未可便以為然亦未可便以為不然如昨承問廣東兵食瑕答云只民壯一項誌書内數將二萬每年費民供億十五六萬弓兵在外誌書二字是瑕不得已之詞明臺一聞卽了嚮應曰梧州軍門誌更詳悉瑕末又啓曰其具不在兵食而在紀綱明臺又首肯曰是是古云厲精圖治豈可將見在之民脂民膏置而不問乃欲別為之圖非計也瑕昔有謬談稿容陳覽

一昨奉面諭謂偏裨之上擇諸將諸將之上任兵備此指臂相使之說古稱用人則裕謂是也此有兩路自督府而兵備自兵備而參將下至把總以治軍旅爲一路自督府而兵備自兵備而知府下至各縣以治民事爲一路邇來軍職官兵虛冒兵餉坐食民脂及其有事張賊勢以脅上乘擾攘以作姦府縣養兵之費日見其加而地方之塗炭如故所以爲民者上困於誅求下苦於刼掠間有愛民者爲府縣之官因而疾視軍職文武互猜由此故也夫督府之任兵備兵備之率參將在惠潮間已

十年矣然而盜賊愈橫地方愈困征求愈艱民情愈異此不可不爲之郄顧也瑕以爲譬如用藥不效當求反治之法昔王陽明在贛州凡平日講武臨時出兵皆以知府知縣爲之將領一時建立光前耀後此可師其意也伏乞台慈擇各府縣之能任事者開誠以諭之民瘼密示以假之事權借財以優之施爲懸賞以作之勇敢策勵之下必有上下一心官民僇力自布謀擒渠以獻矣

一昨奉面諭謂一百人中得一二十人向前即隹此切中之論也語云重賞之下必有死士懸賞之法

自湖公衡鋒格最可舉行乞即查發各道照依賞格計定盜賊諭各府縣軍衛有願領者先與領去可也有當陣者先解銀兩懸於陣前可也若只出示行文未與實惠及有功時往復請給不足以鼓士氣兵法曰賞厚色吝者沮又曰賞不踰時

稟兩廣殷軍門揭帖

正月十一日辰時接到明臺差人賫牌到道召募膺墟民兵及番示小帖云別後警報沓至倭寇六七起四路告急十四日聞電白攻陷十八日遂移鎮端州二十一日又聞錦囊所攻陷而海北海南各地方人心騷動郡

邑衛所官號泣奔告無兵無食無船如此地方奈何奈何特募膺墉兵中間事情備開公移內等因瑕惶恐惶恐卽於本日巳時奉行隨查得徐希貴原係巳故流官郭節亦非土巡檢乃流官之無忌憚者恐不足以辦此特添委千戶楊九經同原差往武緣召募土兵嚴限赴臺聽調以瑕拙見竊自原是富侈之邑武職甚債小民無依今蒙此禍必有怨仇勾引者然倭奴似不日皆遭明臺所招許瑞輩手其嶺東嶺西南部各兵巡道亦皆可托不在遠求望明臺大彰信義厚懸陞賞以鼓舞之錄舊功以奬勵之一二月間了此海寇海寇滿載必歸

只恐海上將領不及邀其歸航耳凡倭奴入寇初來多不過千百人而土人之樂禍貪淫者從而附之遂致滋蔓此宜申令縣官在小處斡若鄉間無騷者無應賊者彼安能入其郊若各處無騷者無應賊者彼安能張其勢瑕昔在慈谿三年僻邑被倭獨慈晏然以平日鄉下鼠竊蜂起者收之絶影也一二月后海寇蕩滌惠潮痼疾尙勞神慮惟開誠與嶺東兵廵道府縣官籌之天下未嘗有不可爲之事兄以明臺英敏特達從善若流於剪此草寇何有但望静以制天下之動簡以應天下之繁默以待天下之謀重以御天下之輕凡言調兵處根

者徐徐以順應之且撥亂之樞不在遠而在近致理之術不在外而在中紀綱者兵食之本源是非者紀綱之體要伏惟明臺留神以幸嶺海

兩廣殷軍門稟帖

恭喜德威敷播嶺海澄清人之西歸無日不報執訊獲醜之烈慶甚幸甚前承嚴命調募武緣精兵因假新春如桂林往返三旬是稽奔命然瑕先曾料謂遲此兵到台右已奏掃清之功蓋神謨迅發有必然者武緣之兵須別用耳此輩非土官狼目之比相應斜以漢官法度昨到潯州乃不服府官查點深爲悖忤望嚴督而痛斜

之似得其力又別呈上思州舊額調發土兵事倘蒙俞允追上思州之衣裝以給武緣固善不然地方更用人馬則徑調上思州額兵亦善蓋上思州去歲調兵往役古田各頭目包收兵裝路費后見事定免調却不肯出此銀兩還民又不肯藉此銀兩公用是借軍門征發之令爲奸人罔利之計也楊大韶陞任已久人愈思念此乃有用之才東方州縣得此輩一二勝千萬甲兵非蝦有阿私爲明臺薦賢耳前禀云紀綱者兵食之本源是非者紀綱之體要惟明　臺留念

上兩廣殷軍門

四月八日接到賜下章程二冊細閱中間十府兵馬錢糧之數一一具備而諸凡提綱挈領脩廢舉墜者井然有條眞所謂脩政事以攘夷狄足食在於斯足兵在於斯此外只在明臺至大至剛以臨之耳史稱諸葛武侯開誠心布公道所謂公道者賞不遺賤罰不避貴也大抵叔季之世政多姑息今明臺倒囷以養士卒傾帑以禮將佐可謂厚矣以合省三四十萬之軍需供水陸三四五萬之軍旅可謂雄矣以　朝廷之全福一省之全力主之以台右之全才以制三五蜂屯蟻聚烏合狼奔之小醜可謂太山壓卵矣然而風馳霆擊之威著而未

疾者望於明賞罰更加意焉與瑕狂妄前曾有稟致理之機不在遠而在近與化之術不在外而在中惟明臺留神司馬法日善用兵者因其勢而利導之又云兵猶水也水因地以制形兵因敵以制勝以瑕而料東省之兵足矣食給矣明臺之威行矣德敷矣草竊已破膽矣貪者詐者暴慢者獻誠而用命矣不在更有别求只於其獻誠而用命者鼓之舞之振之作之錄功必過其望賞爵勿混其施自有無賴賊之李績牧奴輩之衛青爲明臺掃清百越者伏惟俯宥狂言幸甚

又

四月八日接到賜示教札云聞練有下雷峝兵千名傳者謂一足當百愚意謂當十足矣竊恐有所舉動不勉借用一番萬惟加意預行整栅至期當專人以請殘倭業已蕩平章程已有次第而許瑞之真心乞撫立有奇功凡所遣調莫不用命林道乾朱良寶魏朝義亦皆遣人告招雖其誠僞叵測然在我一意推誠示信絶無所疑以開來路而内治備禦亦未嘗因之而弛惠州山賊聞愿歸者數萬人若信然亦饜心事也蒙此瑕欣躍無地感激無地海岳澄清妖氛蕩滌百粤有袵席之期矣下雷峝土兵果然可用土官許宗蔭昔日亦盡心効力

其意欲以功受職后因屢有𢧵俘皆爲武弁冒分陞賞而彼不沾一級至于今不復有策勳上進之望矣所練土兵備近處調發耳祗承鈞諭即分付彼見在兵目飛陞同尚說知許宗蔭示以今日殷爺明功信賞是爾陞尚作縣之秋責令整𢢽以竢調發前日瑕曾有稟上思州有額調土兵五百名如有緊用則上思與下雷各調兵五百名似爲得力然以瑕拙見每年以三四十萬金養東省兵中間何限雄俊周瑜云此自足用在揀拔鼓舞之耳望台慈留神瑕謬妄惶恐

稟殷軍門

祇承台教云經理在紀綱一言盡矣愧疎拙無能修舉耳業且姑效操絲先尋頭緒章程已刊布未審力行如何許林諸酋山冦各巢近日類多乞撫事宜諒已稔聞其效古田故事以處羅旁一節尤望留神奉此與瑕不勝感激仰惟大智問及芻蕘恨愚者千慮乃無一得可取耳章程已領教前曾狂妄稟復乞恕其疎謬羅旁縣水一帶地方大之如處古田小之如處八寨此乃不可易之策一向有是論惟智勇兼資者能决而行之瑕不能慱觀但以所見如沈總兵希儀處廣之東西爛熟者其說謂羅旁等處只立土巡檢三五員以土官法治之

卽可永靖語在沈總兵家乘中如吳自湖公當日處羅旁無大兵革只用商人伐木伐木旬日諸蠻震懾乞降乞建官者踵接也如譚二華公當日處羅旁無大兵革只嚴令防江之軍兵曰通夷者汝輩也自今有犯汝輩先置重典一江寂然合此三端而觀羅旁似無全牛且以古田八寨皆百年來所謂窮兇極狡之賊而台右處之若振槁木抓何有於一衣帶之綠水以瑕而計據今日事體兵亦不可不用也如蕭紳輩亦不可不使也或撫或勦決見成功惟事定之后分土官支子以長之君之固善不若就地拔其豪右稍有識者爲之巡檢如巡

檢不能統理更總之以一流官或知州知縣而抽平日
封川德慶肇慶陽江戍兵總於一守備擇道理適中之
處以彈鎮之或可永靖遠分西方土官恐卒未有以副
台右望者茲事也瑕實未曾慣涉歷未曾入思議浮言
潰成望隱其惡幸甚

謝軍門殷稟帖

與瑕於八月十日接到文書一道差吏齎賜禮帖一個
禮銀一十二兩與瑕焚香拜嘉薦于祖考啓函棒玩昭
示衆官仰窺載錫之懃總爲推誠任人以安廣服濫荷
兼金之貺乃無寸長片技以答高明雖效奔走之微勞

咸奉威靈以展事賓州十日柳州十日恨趨時之莫前
北三一招北五一招幸從風之恐後凡此綏戢豈下功
能皆由明臺揚武烈以掃古田旣碎羣蠻之肝膽脩文
德以來八寨又剗諸峝之腹心肝膽碎自將魄散而魂
飛腹心剗次當支分而節解此理勢之必致亦事機之
可乘乃明臺審理度勢不爽錙銖揆事决機若應桴鼓
虎符羽檄盡恩意之流通草字花箋皆精神之運用是
以充下陳者感知遇之非常虛左席者恨報稱之不逮
奇功屢奏實由於斯與暇何勞乃冒酬賞感激之下慙
愧殊深矧今善作善始雖荷洪鈞而善成善終更勞神

慮瑕雖係其梗槩實未竟其緜孱葢愈念而愈皇乃不敢以不拜爲此具稟申謝

公移附

左江兵廵道牌諭事宜

此隆慶辛未三月予任左江時牌諭各府州縣事宜也弖以二月涖任五月六月而左江右江千里無冦警涖任僅數月

李督府以卓異特薦　殷督府柬書云公於左江可謂中流砥柱壁立萬仞矣又云閩各處兵精士勇倘東方有急當借一翻但百人中得一二鼓勇

向前足矣今所少者選鋒也暇答書曰遠水不能救近火隨地有人在上者甄拔作興之耳詳在已刻申稿中數十年來亦不知當日何以得此奬借今舍弟與琮檢閱故冊地方稍靖或由於是錄存以告我后之有志撥亂振蠱者幸共念之毋虛光陰勉脩職業云

一嚴禁指官誆騙事訪得左江道每新官到任便有等積年光棍打點衙門之徒前往各土府州縣嚇誘出辦禮儀賫緣饋送騙局淵深詐機鬼出所辦財物竟落奸弈削土官之俸祿剝百姓之膏脂克巨猾之狠

饕爲上司之蠅玷深爲可恨合行示諭各土官人等職無大小各務淸脩節用愛民約已守分毋以非義之禮循上毋以不肖之心待人凡奸人以夤緣打點之說進者痛斥絕之除本道另有密訪嚴究以遏頹流先此示諭各宜知悉

一爲查處巡司弓兵事訪得各處巡司弓兵有積祖當役者有僱編顧役者總皆出民之財足兵之食養兵之力凡以保民之命也乃末世弊滋法紀蕩甚各處巡檢不令弓兵着役放收月錢每名月收銀三四錢放與寧家巡司有弓兵五六十名者年收銀二百餘

兩有三四十名者年收銀一百餘兩處處皆然人人可訪竭窮民之膏脂充早官之饞嚼剝善良之甲冑入贓污之槖囊深爲可恨緣前弊習皆由上無道揆以酌變通之宜是以下無法守以循清修之度兵農交困職斯之由一應徃愆姑不深究合行各處巡司明文到日盡數起送赴各州縣正印官收役操演其老弱不堪及有單丁獨力不願親當者查照關山巨兵事例追銀召募操演正印官須五日一次閱視務令衣甲鮮明器械完好年力精壯武藝熟嫻庶本道不時調發得其實用其衣甲器械儘本兵原色執役

以漸擇其材藝優長者支本道贓罰銀兩給賞置造
如明文到縣五日各司弓兵不到者一面拘追一面
申呈本道定將巡司官吏從前賣兵等罪追贓痛究
一宣化縣在附郭各巡司弓兵徑解本道收發操演量
給行糧本道五日一次閲視中有材藝優長者時賞
衣甲等物其各弓兵赴州縣操演者日給行糧銀五
釐聽支本道贓罰有老弱不堪及武藝不進者革役
另募革役工食追給各兵行糧如有征調日給銀一分
一本道五日一次閲武凡軍士舍餘民欵狠目弓兵人
等上至本道千長下至縣所欵舍俱要齊到不許一

名偷閑安坐敢有指借別役公差不赴操演者罪及
占役妄差之人
一教塲操演以走隊爲大綱以較技爲實事演弓演牌
演鎗演銃各指揮千百戶該管等官務要分頭教習
本道閱視之日賞能罰惰罪及本管一遵大明會典
定例決不輕縱
一南寧潯州横州藤貴等處水陸津要乃商賈往來之
衝貨賄流通之地舊有税課司設官置局收利充餉
近日法久弊滋官其局者無不贓敗及閱贓敗卷案
則報公課者不能一二入私槖者每以八九始也賦

商旅之羨餘助軍國之供億今也竭山海之征斂充
賍濫之包苴深爲可惜查得南雄梧州及贛之兩江
凡盤船驗稅皆府之佐貳專掌其事此可例以通行
除呈詳
軍門撫巡外合行前項府州縣凡有商稅抽分俱覈
正印官親臨河下親閲報單親驗貨物親收課銀歸
庫記其一應巡攔積弊設法痛革以惠遠商每月終
將月內抽過貨稅開報本道局有官就令出票登簿
毋廢職司庶幾上下相維錢粮相察徵有實數斂有
實財百凡供需可得而濟也各官但要秉誠竭節毋

忌謗譏昔元齡自領度支斯可爲法文到日即具遵

行依准回報勿誤

一嚴催土官額解錢粮查得思明向武歸德遷隆等土

府州峒歲解南寧府折色粮三千五十三石每石折

銀七錢該二千一百三十七兩仰府查隆慶二年解

收過若干拖欠若干四年解過若干拖欠若干挨年

逐處詳開同報以憑委官齎牌嚴催仍開某吏承行

先送比較

一爲稽查錢糧事看得　察院憲綱及各處見行事例

凡錢粮俱要各官親自眼同公平秤收入庫毋容收

頭攬收及各吏分收作弊此法行已數年而左江一帶官吏人等全不遵承深屬違慢仰各縣即置大櫃于堂上櫃內欄開數隔每隔上爲一門每門上開一孔縣官封鎖其門但留其孔凡徵收錢粮每項點農民或里老忠實者一名眼同上納之人秤封投櫃登簿出票每晚縣官開櫃將簿逐封驗閱入庫或三日五日一次替換吏農其封銀須用印刻封套仰將發套式票式付縣門刊刻賣與納粮之人遵照施行敢有仍前故違將錢粮外而包收重等加耗下削民財包攬侵欺之人依邊方梟示事例重處決不輕貸

以上一示一行各縣

公移行各府縣

一

一看得各處弓兵皆巡司官自行收領銀兩自行顧募人役各處民欵皆頭目人等自行支領工食自行分守保隘所以兵皆虚名財無實用民之所以養兵者日增一日而兵之所以衛民者年弱一年整飭何爲宜任其咎除弓兵先已有行外其各處民欵尤宜淸查爲此牌仰各州縣卽將額編民欵不拘守城守隘在差在堡盡數拘出在縣時常操演一以淸其冒濫之虚數二以汰其老小之弱丁三以習其奔走之勞

四以教其擊刺之術五則統馭於官門約之而知尊卑上下之分六則策應於汛地酌之而知多寡緩急之宜足食足兵之方要不外是視之專守一隅坐食月餉者大有間也且以縣官親統民欵弓兵四五百人卒然有急何事不濟所謂兵聚之則强分之則弱或山寇不時竊發本道聯二三縣教練弓欵委官征勦可以不俟遠調便有數千誠計之得各宜遵照即行如果把守關隘寸步難離亦須撥已揀過精壯者分班徃換務令勿駐一處縱奸狡賣放也

一本道職屬兵巡凡兵伍空鈌巡察不周皆失職也軍

衛之老弱法當汰補毋得冒糧巡司之責放法當淸查毋得冒食民欵之游惰法當整頓毋得冒役狠目之虛包法當核實毋得冒餉拙見以爲足食足兵之方不外於此而所賴以相成者在府縣衛所貟有司貟武職悉心共理而已昨兩次牌行專查民欵弓兵不及目兵以目兵多支民欵工食也此須併在民欵內查拘操演左江一帶幸少上司往來又希過客迎送官斯土者不及時恪修職業虛度光陰是深可惜顧我府縣衛所之貟同加砥礪一年四季本道須不時巡歷山州草縣亦欲按臨諸有司獨不見　察院

示云同心體國以濟時艱廣察遍詢以周民瘼乎所到處如兵不整練事不清結粮料不完徵派不節盜賊不戢獄訟不平者官叅吏革决不少貸不然是分巡失職也勉之勉之以上行各府縣

牌行各府縣召募

一爲召募驍勇事本道涖任二月每五日一下教場教弓教弩教鎗教牌頗有成緒中間揀老弱革虛冐者數百人相應頂補爲此牌仰府衛多方召募昔王文成在贛州召募以盜賊爲第一等竊盜爲第二等賭愽閑游爲第三等但有雄壯勇力不咎徃愆一入彀

御皆爲材官艮士此可爲法各處宜多方曉諭使山野獷悍草莽梟鷙皆歸鄉勸竢教閱成才考藝加廩如征勦有勞叙功上最是側微進身之秋地方安寧之機也不論久投土府山峒皆許來歸毋得嫌忌

一爲廣招演武教師事本道五日一下教塲教弓教弩頗有成緒其鎗牌之技擊刺之術止憑原營把總教演未甚精通訪得在城在野多有異材遠方游藝武事熟嫺此古所謂千人之雄萬人之駿者仰府衛各官多方詢延送道發營分與民欵目兵早晚教習驗有奇技把總粮廩地方有事領隊隨征其有先年投

入土府山箐者設法召歸毋流落異域此實英雄立功之秋各宜及時自效此示傳入土官地方教師來歸者數輩土酋奪氣故左江威令大行云 與璠識

牌行各土官納糧

一爲辦納錢粮事看得各土府州縣歲該納粮上南寧府共三千餘石乃近年無粒米分文之入此乃土官懵然付權柄與管粮頭目頭目獷悍付數目與管粮書手一遇催徵每以歲荒民窮回文搪塞上下因循紀綱頹廢興頹舉廢之方足食足兵之責實在本道查得某府只納糧若干某縣只納糧若干要荒之徵

無薄於此皆由各管粮書手多係中華頑民投入如某府書手某係某處人某縣管粮書手係南寧某處人以華入夷既犯叛逆之僇復教誘土官違法拖餉今本道差人前往督粮如仍前虚文搪塞定行擒拿各書手依律梟示先此告諭後數月各處錢粮盡完實林錦峯作府時也

此家兄勉齋左江行稿余偶檢書樓敝笥得之真療世之妙藥濟時之良方不可不刻附集末以詔我後生語云有治人無治法人存政舉如抽練弓兵一節在兄行之則總集一處親身教演五日一視經歲不輟所以得其實效在今日各兵脩行之

但掐其工食以爲軍餉或回巡道聽用游手坐食分毫實用無有也各處地方只弓兵五六人有事何以責之如南寧抽分一節前日黄龍潭補南寧同知同商語此稅今屬淸軍廳收稅甚重爲民厲乃令兄勉老設法云瑞日此稅前時巳有因一吏目帶管與該吏爭利吏奪其私簿呈官每歲正額只解銀一百三十兩而私簿半歲巳有銀七百兩家兄因呈撫按如梧州南雄事例委府佐或縣正官管收乃無弊耳所云稅重厲民必不才輩染指其閒日重一日是非法之爲厲乃人之爲厲也原

稿附刻姑記其說以告行政君子稿在破笥中壬

申至今已二十六年今丙申瑺識

牌行忠州官族頭目人等辛未三月

一議官族　看得世土之官正嫡强則鄭伯克叚㡾宗盛則州吁弑君互相戕賊在在以然黄賢相在日趕逐宗族逃生在外今賢相既正典刑宗族雖云乞立其子實則奸窺大君邪伺大位失鹿共逐人人有先得之心但以嫡子法存天朝分定故不得不俯首聽從推戴有瀚耳有瀚今既歸國合查誰爲親房應與同居誰爲疎族應出别駐誰爲可信應任以事誰爲異籍應分以田須一遵本州舊日祖傳家法一遵本州舊日分定村田着有瀚子

毋與各宗族頭目詳議妥帖呈道定奪毋得分毫偏倚以啓后争

一議頭目　看得黄賢相在日横逆不道占據四都刼殺人民逼逐守備軍門屢欲調兵合州勦滅前道以爲用力不如用智乃因賢相猜忌好殺衆叛親離是以招諭蒙𥚃雷鑑陳光等密計擒之巨魁既擒脅從咸宥設使當日計不出此而聽右江諸州數萬目兵之言呼吸閒忠州之民無孑遺矣是保全一州生靈者蒙𥚃等力也忠州黄族及各頭目宜深德之今乃紛紛興兵構怨歸咎有功可謂

悖逆查得前道告諭謂元探等狀稱乞要比照田州龍州事例僇父立子然田州當日設立廵檢頭目俱係聽用有功之人龍州頭目亦係原執趙匡時而扶護官男趙英之輩相應照此事體新舊兼用此等曉諭可謂明白痛切各宜提省本心遵承處置共享安静之福新舊頭目查照家規分管地方議定約束呈道詳奪不許違犯有故違互爭貽害地方者調儛州兵勦之爲犯軍門號令之戒

一議疆域　黃賢相占據四都四都之民不靖及今十年餘災未殄今既僇其渠兇立其嫡子歸其印

綏復其疆土是有大生全於忠州其四都之疆域合令查明立界四都之關隘合令築塞設防四都守備衙門被其焚燬者合令以時脩復四都守備兵卒相應仰給者合令以時供應凡各處置不在煩多要以愼始圖終亦將明罰勑法不然滅一州立一州不貶爵不削地付一乳臭小兒抱印以囘是　朝廷之威不彰非所以儆暴橫而教忠順也各目公同議報定奪

一議粮差　自黃賢相悖逆以來各目效尤苛虐滋甚一應差料供費日重一日僻壤細民難見天日

惠澤不究是誰之辜夫王者有分土無分民各州之土孰非天朝之土土州之民孰非天朝之民按察兵巡皆得而撫恤其孤獨捄捍其患災剷除其煩苛整齊其政教者仰各土目洗心滌慮將州內一應田粮丁差查照三十年前舊例從輕科派務令深溪窮谷咸沾再造之恩上安下和共享太平之福其原額辦納各府軍需錢粮尤須依數完輸毋得多科毋得怠玩

一議調發　各州世受皇恩凡有事調發奉命惟謹今有瀚亡國而復國其報效尤應獨至一切軍

門調遣仰恪遵舊規定畫一之法俾新頭目遵守毋得臨時互推以致違誤

一議兵守　官男新入州治勢力虛殫軍門委一文一武往夾持之仍須募兵護守所需兵衆幾何食餉幾何官男供億幾何脩葺衙宇幾何凡百支用幾何各目公同議定某村出辦若干某田科徵若干務要查照舊規酌以公平不許苛濫偏私查議停當呈詳轉奪

牌行忠州速定州治以迎官男事辛未三月

看得忠州官男黃有瀚辭家去國幾歷春冬旅食羈

倰載逢寒暑故宅游姑蘇之鹿行人嗟荆棘之駝寒
食無主荒墳夕陽落鴉古木有兎綏綏癸黎逢不盡
之憂彼黍離離遺老墮無窮之淚雖天朝繼絶赦其
罪而恤其孤乃土族猜疑離其心而構其怨遲而又
久靡所與同今已再申言歸于好今幸各家之悔悟
旣合離衷以聽從可擇吉日良時聚集宗支頭目升
墟望楚爰築新宮苞竹茂松永定爾祉然后來告本
道以禮遣發官男載馳載驅復其邦族乃文乃武鎮
爾蠻方無匪彝無慆滛長奉九夷之職貢有人民有
社稷世爲一位之子男后以讒言遂不竢回報徑送官男併印回州

牌行濤横等處通糴捄荒事 壬申三月

體得濤貴横州等處近日各嚴禁販穀不許出境此何爲者儒者幼學壯行必曰吾崇王吾黜覇覇者之

一節　令曰毋遏糴今乃犯之甘爲管晏之下不亦卑乎春秋兵爭四分五裂且禁遏糴以賙四國曾謂天下一

二節　家乃自分彼我非所望於賢士大夫也農之穫粟猶商之居貨也商之居貨必欲得利而發苟有司設法以限之抑令賤賣則怨謗必騰曰殃民之政農家三時勤動所望者秋成穫銖錙以供百爾之需耳其若

三節　最甚其利最微柰之何設法以限之抑令賤賣凡言

當禁市糴者必素手坐食者也素手坐食者曰坊廂
之舖店曰雇募之兵士曰街市之游惰曰衙門之皂
卒此皆不務本業終歲仰食於窮苦之農夫王制所
不與也乃抑農夫之艱食以資之尤非所望於賢士
四節 大夫也東土千里饑荒菜色盈路再遲旬日商販不
至勢將大困倘奸人一煽四遠蜂起是下陷民於死
五節 地而上搖國本在此令也軍旅調發騷及西省一舉
六節 而兩受其患深爲可慮爲此行各府縣即將本道告
示遍諭所在地方但有糶糴聽民自便如有軍兵皂
七節 壯巡欄人等仍前詐害者許商人縛送官司痛責枷

號示衆本道不時密訪擒拏且以此稽各官崇王黜
霸重本抑末救災恤患之善政也八節
芝山許云只禁遏羅一事耳而自始至終一節深
於一節一段緊於一段至第七段責巡欄第八
段諷有司如此周致時倘有沮隔怠緩者公乃
咨申督府特牌開關放船東人乃粒甚矣行政
之難也

處濠鏡澳議議作于十年前欲上殷石汀公不果今删潤如此

或曰吾廣之有濠鏡澳實門庭之寇也厝火積薪苟以
爲安燕雀在堂顏不知變忽安危之大計餌鄙易之小

材有識者之所深憂勉齋子曰凡處大事以仁爲主以義爲制以知爲度以權爲通主之以仁制之以義度之以知通之以權故銷未形之禍若東風之解堅氷濟莫大之艱若太陽之釋薄霧上不見其勞而下不罹其毒是古有道者之設施也島夷關市與爲寇異四夷來王無以綏之仁者所不處也既納其稅又探其未然之惡而漫爲之議義者所不爲也不察其順逆不辨其奸良一槩名之曰賊非但俱焚玉石將有俗庖月易一刀之慮知者所不出也夫審利害之算以措治安之謨亦在巽以施之悅以行之中其勝理劃然以解斯善權變者

也或曰何如曰建城設官而縣治之上策也遣之出境謝絶其來中策也若握其喉絶其食激其變而勦之斯下策矣欲行上策當先要之以中策請明諭番夷曰軍門以爾土著於此招集無賴買馬造銃恐我中國嗜利之徒煽誘不軌將爲地方患特申勅官兵撤爾屋宇送爾歸國兩全無害仍嚴兵備之再三令之若其聽順徙而之他此謂以鄰爲壑故曰中策倘其哀乞存留願爲編戶乃請於朝建設城池張官置吏以漢法約束之此謂用夏變夷故曰上策或曰幸得徙夷邊鄙不聳蒼生之福厚矣何更以爲中策曰守在四夷天子之事也不

却衆庶王者之大也因糧於敵以靖疆圉覇國之烈也兩廣百年間資鄭易以餉兵計其入可當一大縣一旦棄之軍需安出一不便也香山海洋得澳門爲屏衛向時如老萬如曾一本如何亞八之屬不敢正目而視闔境帖然若徹去澳夷將使香山自爲守二不便也今設城池置官吏以柔道治之不動而安誠策之得計築城工費不過萬金設官柴馬不過千金是稅課五分之一耳香山舊以澳夷在境加編民壯三百名今若建縣就以爲城守之役仍查備倭兵船近香山地方者付與縣官清其虛冒簡其游惰足其衣糧習其技藝高檣大舶

張形勢之制與崇城表裏爲國家威嚴廣州永無虞矣知以慮之權以通之不僇一人而措海濱之安故曰上策語有之不在其位不謀其政瑕緘舌旣十年矣詩又曰嗟爾兄弟邦人諸友莫肯念亂誰無父母是以陳其蒭非以資集思廣益之一二

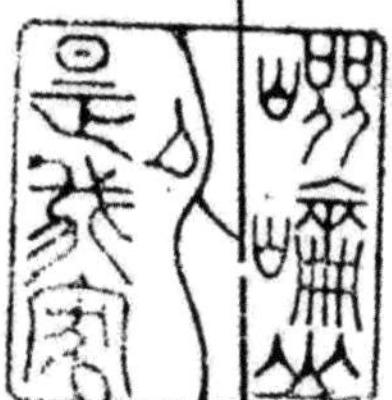

霍勉齋集卷之二十

南海霍與瑕著

十三世孫 有光 重梓

世光

十二世孫進芳校字

祭文

奉安文敏公神主于西樵四峰山祠告文

維嘉靖二十七年戊申四月二十一日孝男霍與瑕等敢昭告于資政大夫太子少保禮部尚書同掌詹事府事贈榮祿大夫太子太保諡文敏顯考渭厓霍公　誥贈夫人顯妣區氏　誥贈夫人顯妣鄭氏之神曰惟是今日實顯

考誕辰謹具清酌庶羞用伸奠獻恭惟顯考癸巳出山十
有六年于今未還江山廬宅依然如昨松桂峊雲恍不殊
昔顯考幽宅雖宅南樵顯考素樂寶樂西樵是用虔題新
主登祔玆堂神無不之庶其來依來享恭惟顯妣區氏夫
人顯妣鄭氏夫人獨處山堂念矣斯年春風秋月幾度凄
然不才戾子出山無所簷則有風漏則有雨蟰蛸在楹蝸
牛在宇哀哀子心不遑寧處今也考妣同此室堂百千斯
年永卜其臧子子孫孫以蒸以嘗勿替引之式敬而昌

祭陳鳳山文

嗚呼始公之從甘泉師翁于西樵也身適嬰疾余以公年

高爲公隱憂而公便便終日載言載笑無困容無倦色訖得安樂以歸庚戌冬余北上謁公公精神益克余心竊喜謂天陰騭善人壽未可量也孰謂今來而公遽隕也傷哉公以古道居官不行其志飄然而歸高風偉度宛然今世彭澤貧家稚子其柰之何雖然天道終陰騭善人蒼蒼者可恃善人有后冥漠中無介介也非儀獻恍尚享

祭梁連溪表叔

氣化雜揉骨肉有敝命也歸窆廼祖之兆域俾兒孫永永瞻祀性也神無不之終尚依此遺魄魄返先壠魂返室堂天地之中正也陟陟梅關家鄉在望五日六日可期可瞻

神乎來歸生死其具慶也奠以告行尚享

祭湛少脩下埜杍泉翁讀此文抆淚曰吾兒藉此不朽

於戲后泉何福之將何德性之良何年之不長豈彼者蒼雜揉乖張顔淵短命孔鯉早亡濟濟姻婭何人不傷三月之春予在北道南鴈歸飛得君訃報憯其愴而中心痛悼繼聞有身孕育兩子天佑善人遐錘其祉不于其躬而于其后嗣九十老親以此少慰凡在親朋莫不感慰北風凄凄送君東歸遠辭塵世卽此翠微孤兒在抱寡婦在閨望望銘旌疇訴疇依我心之傷孰知我悲於乎哀哉吉日良辰名山秀水卜此蓮花以定爾址君今歸藏永綏福履百

千斯年施于孫子秋月春風野花啼鳥溪谷寂寥人跡希
少君兮歸藏川原窈窕百千斯年與化俱杳

祭洗少汾主政

於乎少汾兮何亡之遽皇天不仁兮高賢其仆伊昔少壯之年早登青雲之路紆朱曳紫兮署秋郎清才雅思兮騁雲步苦心力索兮眺佳句長篇短什兮驚臺部自北徂南兮避榮華歸棲林壑兮養幽素慨有志於前脩恐嘉名之不立先依喬翁於西樵后侍城東之講席吟咏乎茅屋之秋煙追隨乎羅浮之泉石細結讀書之臺再入懷沙之夢來何哲之不迎去何賢之不送求友生於天涯寄遠書之

珍重既而方山獨處幽思彌深臧否人物商確古今日程著書以寫其心斂華就實其進駸駸何皇天兮不憖俾二豎兮交侵一疾彌留兮弗寤千年長夜兮沉沉於乎哀哉九曲幽幽兮路婉轉室之邇兮人之遠丹山碧水兮起秋風思君不見兮增哀怨八景蕭蕭兮鸞鶴棲花深木茂兮空鳥啼洞門閴寂兮流水靜思君不見兮長吁歔嗚呼哀哉與瑕辱忝世交因緣戚末詩翰時臨啓予庸劣日月幾何覓殊存殁蕪詞醴幣以寄哀悰公靈有知來鑒其衷

祭外祖呂公

嘉靖二十七年歲次戊申三月　朔外孫霍與瑕虔奉

母命謹以香楮牲醴致奠于外祖父呂公外祖母楊氏之
墳曰嗟予母氏呂出北宗母也父母毒罹其凶母也之生
七歷斯年訣父辭母號泣終天自歸于匾祖父隨逝又越
多年楊母亦棄育嗣不續食享不血諸女飄零蒸嘗不設
我母隨匾歸事文敏三十餘春聲問孔泯有蓁在墳有黍
在門古木蕭蕭傍此頽垣凄風陰雨幾度春朝孤月澄潭
幾度秋宵魂兮無依隨風東西小孫不慈久矣缺儀木本
水源痛我心曲奠遣清明情傷觸目炷一爐香祭一觴酒
神也何方來依不朽刀一割牲粟一獻餼神也何之庶其
來反

祭外父甘飛雲窀穸

於乎公以豪傑之才英邁之氣不遇於時徜徉山澤以卒歲其命也耶公歿于今一十又有六霜瑕與余子廼選玆時日之良迎公歸玆雲端龜岡之陽永奠于下地子孫其臧於乎山之高文氣之豪水之長詩思之洋洋雲之閑襟度之悠然石之崎崖岸之崛起一望中原之萬里又其雄才濶步俯視乎一世也千山萬水之羅列又其縱橫浩蕩而不可窮詰也煙霞堯庄之繚遶又其派衍淵源浥清瀾之不少也於乎哲人之歸兮山川增輝兮風度之永違兮我心傷悲兮蘋藻之薦跪陳詞兮神之來歆庶不遐遺兮

祭冡山郭先生

於乎先生何亡之遽山嶽其頹吾將何據恭惟先生天篤其賦剛大之氣宏廓之度識周天下之微才成天下之務江湖之下志先廊廟之憂陋巷之中神遊皇王之道乃若深沉之學中正之矩洞究大原萬物一體終日終身靡替靡止仲由剛强曾點逸趣玆則淵源所自師承之實不誣純粹以精天人之際無二是先生之大致也與瑕幼受發蒙長承提命爲聖爲賢是式是正繼志述事以切以磋造就不少善誘良多慨去冬之季日同入關以研磨曾禀承之未究遂拜違於邱阿孰謂登車之一顧遂永訣於山河

也於乎哀哉荒怠之學今其疇覺輕率之性今其疇正精微之旨今其疇示經緯之謨今其疇許悠悠蒼天曷其有極我哀孔殷孰察孰識牲醴具陳聊以告恍九原有知來格來歆

祭倫右溪公 戊午

嗚呼傷乎金玉藏乎海岳之秘其光乎文星隕於滄淚乎在昔宏治世泰時安五嶺以南文教日宣公家父子武接翩聯矢其文章連占四元詞林宗匠矩方規員凡今海內莫不欽然明明天子起于江漢公亦乘時入居內翰一馬二馬爲金爲驄顯顯烏臺有赫其風乃遷吏部正是百工

乃陟通政靡政不通凡今海內莫不欽崇年未五十幡然來歸急流之中勇退不疑洛陽大老把酒論詩雅歌投壺樂且有儀藹其風度后進攸師念載林泉兄和弟友女長其孫子冠其首優游晚福亦孔之阜人皆謂公仁者必壽方期未艾永保爾后云胡一疾遽遭陽九嗚呼傷乎凡人之生皆歸於空然而不亡乃有其宗惟公文章爲時登庸長篇大雅穆其淸風百千斯年耿光不窮念昔文敏與公締姻豈惟門地實賴仁人將謂百年永荷陶甄嗚呼孰云去冬銘予弟墓孰云今春遽哭公仆人世短景如水東注哀哀予心有涕如澍生芻一束詞以陳情九原不昧來鑒

微誠

奠王靑蘿

嗚呼天乎何萎我先覺何不少憖遺以儀刑后學惟公之生天篤其祜嶠嶠壯年策名天府剛方正直爲時之砥侃侃奏疏逢時之忌乍出而歸長與世違銖塵軒冕藿食巖棲玩易窮年註書成帙春秋詩傳明白直截游心道際窮源入閫我邦后生仰如龜策前輩老成六七其公爰開詩社詠觴其中從容和易廓鄙敦宄我邦人士樂囿春風足不公門口不財貨謝迹達人長年高卧祖居一壓支頹補破我邦羨公直立無過謂公道充謂公德光謂公神完期

公壽昌胡爲一疾竟爾淪亡嗚呼天乎曷其靡常六十一年亦不謂短正氣長存流行充滿亦既光前縈及考妣亦既裕后有子濟美秋榜春闈連登甲第九原之下公無憾矣與瑕等鄉邦後進仰德素深忽聞訃報哀傷莫任陳詞寄奠以布微忱公靈有知庶幾來歆

祭沈母夫人

何夫人之懿淑伊禀承之自天歸沈門而脩婦順積慶善之綿綿接妯娌之和睦事夫子之恭虔薦蘋藻於宗祠夙興夜其孔嚴隆義方之有奕循孟母之三遷遣令子以游太學就芝蘭之多賢承哲人之矩武爰九萬以翩翻膺

后皇之寵命拯南海之顛連歸報政於天曹荷司徒之峻遷守魚頭之鯁介不顧世俗之媸姸凡奉慈闈之軌範無不一一以周旋歲冉冉其六載黃紙爰封於故鄕方期夫人之遐齡未艾二老相守以百年使令子大夫之德澤𣪘其播於垓埏胡彼蒼之不仁縱二豎以爲戾月旣望而遽鈌委淸夜之嬋娟花結實以摧殘落春風之綿芉長江東去兮不復反世往代來兮堪哀憐令子大夫兮在宦途聞訃號絶兮苦不成眠欲歸奔兮有官守遲遲數月兮忽如三年望望故鄕兮渺無極山高水遠兮天一邊嗚呼傷哉與瑕等辱通家之情誼佩厚德之綿纏覩繐幃之慘淡瞻

遺像於寒燈之前痛兮心之如疚灑清淚之漣漣潔牲牷以登獻寄明信於吉蠲惟洋洋之如在祈來格於几筵

奠焠齋弟文

維嘉靖三十九年歲次庚申五月丙寅朔日慈谿縣知縣兄與瑕謹以牲醴之儀遥奠于明故鄉進士粹齋弟翟君之神哭之曰嗚呼吾自入慈以來夢多不祥心多怵惕以家中骨肉爲憂孰謂吾七弟之至於斯也昔在京師夢吾家東樓頽壓兮兮驚跳墮床弟知之語兮曰凡事謹愼昨三兄來謂弟養病于兹樓兮愈驚懼豈謂弟果至於斯也弟自生七年而失怙從長兄于南樵九歲長兄歿撫棺哭

盡哀乎時竊念謂弟稚年有成人風是吾家遠器也十歲偕乎西樵十五出廣四兄教之遂遊泮水自小不憂父兄不勤師傅迄有成立者弟也乎每自念以爲弟性質近道敦龎渾厚是先人積德所種吾家遠器也孰謂其遽至於斯也戊午之秋高舉于鄉人咸曰善人有後吉士登庸是天之定也孰謂遽至於斯也已未之春下第南歸乎送於海岱之河涎晨日睎微柔聲語乎曰遠别不能多言昨八弟書來謂母親囑兄少飲淮兄記之骨肉之愛無踰此矣乎領言甚愴目弟跨馬東行望逖乃已嗚呼孰謂國門之一别即成終天之永訣也傷乎傷乎今春弟書自南來勉

予曰作縣不能爲我朝第一當爲一時第一乃所以萃於兄也三月初南雄書來寄予蠟丸云新政行移甚渴見示嗚呼弟所以惓惓欲聞予行事者果何心哉豈非望予以第一事功第一德業以爲先世光乃今歸人報予未曾得罪此方之父老而弟不及見矣嗚呼傷乎傷乎聞弟臨終之朝無他語但云死生有命心所掛念惟兄弟惟父母而已嗚呼自知身之不可保而惓惓以兄弟父母爲懷此情此恨終天何極傷乎傷乎大哀不鳴至痛無聲予欲飲泣含恨付之無言然無以自洩欲陳詞寫哀又何窮巳花之落矣不復歸枝水之流矣不復歸西死生永隔更無見期

傷乎傷乎吾職官守不能臨爾路遠山長寄哀思於一奠耳尚饗

謝龍神降時雨文 庚申六月走筆

昊天有成命嶞山喬嶽維嶽降神惠此中國其雨其雨豐年多黍此邦之人以享以祀於萬斯年旣受帝祉肜予小子時邁其邦卒勞百姓不用其良昊天疾威六月徂暑杲杲出日照臨下土夜如何其倬彼雲漢旱旣太甚明星有爛彼都人士慨其嘆矣我心憂傷朝夕不暇星言夙駕率彼曠野虎拜稽首于林之下對越在天陟彼高岡神之格思爲龍爲光庶民子來陟則在巘上天同雲奕奕震電靈

雨既零如江如河如川之方至俾滂沱矣既霑既足生我百穀神罔時恫詒爾多福此邦之人靡愛斯牲奔走在廟或剝或烹雖無嘉殺濟濟蹌蹌衣裳楚楚稱彼兕觥琴瑟在御鼓鐘喤喤神之格思朱黻斯皇天作高山泉流既清神之格思既安且寧出自東門悠悠旆旌遠于將之在彼中陵此邦之人徧爲爾德企予望之昊天罔極

寄奠張甌海文

嗚呼何年之凊兮質之英兮婆娑秀茂而不遐齡兮何福之將兮爵祿之煌煌兮承先慶澤而不遐享兮何德之懋兮量大受兮温恭和樂而不遐祐兮憶在長安春風攜手

君曰勸我嘉殽旨酒匪朝則夕情誼孔厚我謂甌江三爵
不又以永終譽保此耆壽甌江怒之而公則友從容勸諭
卒靡有咎秋高言别都門拜首悠悠我思依依殘柳嗚呼
孰云一别竟隔幽明孰云一訃而兩弟兄瞻彼九霄雙歸
鴻鴈鶺鴒並亡誰與急難我憂且傷永言哀歎山川阻長
不能親奠寄此束芻零淚如霰

祭耆民徐禎

自吾承之此名邦有志在安康而爾適來歸邦族輸情陳
悃愊不知身世是寒儒便便上政書民閒利弊纖纖者無
一不言也大都良法是量田規制更昭然分都定里清黄

册一一有經書計其豈此子孫黎民休豈但百歲謀胡爲
奸人忌正直陰懷肆毒螯北風衝雪過荒山虛爾値兇奸
於乎孰謂天高更地厚善㒵不借佑孰謂社稷更山川終
不照此寃糟糠不繼一生苦死復非其所念之悽慘言之
長悠悠我心傷自今㒵法兼美意誰當復嘉惠夜對寒燈
展舊書淸淚眼糢糊一尊春酒殽三俎敬吊茅廬下寒雲
細雨不勝悲九原知不知

祭張母陳夫人文

何夫人之靈淑兮植坤德之徽柔山自勾章之望族兮嫺
女範之優游歸名門而配君子兮亶婦順之克脩主中饋

霍勉齋集　卷二

兮無非儀敬姑嫜兮睦娌妯有子有女兮福何優教之誨之兮範何周事君子兮三十年膺　恩封兮慶鮮儔將與君子偕老兮綏福履之悠悠胡二豎之爲厲乃一疾而不瘳凡在大夫知愛之末孰不慘怛而悽愀春風浩蕩兮逼海陬山川流潤兮草木夭稠靈車出郭兮陟山陬辭塵世之溷濁兮卽澗壑之幽幽山之上兮多雲雨山之下兮溪水流晝日長兮人跡稀秋夜靜兮孤月浮何幽明兮永隔將萬歲兮千秋嗚呼傷哉春酒熟兮在樽復侑觴兮嘉羞不能遠送兮自西門陳詞祖餞兮聊寫憂

祭封君譚東吾先生

黄河之水通天緯地滂湃浩瀚流澤汪濊遡其所自則元
圃爲之發源也滔滔江漢滙爲洞庭流爲九澤浸潤羣生
遡其所自則岷冡爲之發源也惟二華公心源澄澈德澤
宏敷汪汪千頃望此萬夫實當世之九河也嗚呼此其吾
東翁爲之元圃耶恩波浩蕩被玆東國薄海之濵蒼生咸
浩實當世之江漢也嗚呼此其吾東翁爲之岷冡耶柰之
何九河之澤布矣而元圃忽頹使德澤於是而中滯江漢
之波流矣而岷冡忽震使恩波於是而未沛天實爲之謂
之何哉客從遠方來報訃音大夫號絶裂肝傷心凡此下
官莫不淚霑矯矯武夫素稱强悍側聞大變號于戰艦斯

誠深仁之素結抑亦純孝之所感也嗚呼何山不高何水不長仁人君子厚德流光我二華鈐斧以發禎祥衍汪洋浚淵源澤萬方者尚未涯也九原之下吾東翁其永樂且康也哉瑕等涓流委潤辱河漢以兼收邱垤卑微仰高山之方切逢此閔憂無任哀惻臨風薄奠薦其黍稷吊意離情交摧肝膈神之來哉庶幾式格

祭曾知府夫人文

胡爲乎來時兮渡淮絕呂粱兮水瀠洄夏風凉兮吹旗旆與君子執手兮樂且偕將偕老兮福未涯會幾何時兮逢此菑胡爲乎來時兮渡江乘蘭舟兮水中央過長洲兮沉

錢塘與君子執手兮樂且康將偕老兮承　天子寵光曾
幾何時兮逢此殃月之上兮東海照鄮川兮靉靆流清輝
兮畫堂入珠簾兮爽塏謂歲月兮未晏煥嬋娟兮長在於
乎已而兮氷輪改花之發兮熳熳又經時兮春蘭枝欝
兮叢茂紛結子兮闌珊謂歲月兮未晏蔭婆娑兮盤桓於
乎已而兮花殘月之晦兮兎長生花之實兮衍盈升行將
荷　皇天之眷澤兮金紫崢嶸雖九地之邈莫兮庶慰以
寧瑕克君子之下陳聆白鸞之脩羽倏丹旐之有翩潸涕
零兮如雨有酒清兮在尊殽復罄兮在俎寫哀悰兮陳詞
靈之來兮瓊宇

祭呂閣老母太夫人　辛酉

天之祐生甫及申無非無儀柔維彼碩人淑愼其身受　天之嘉維德德之不顯譽髦斯士追琢其嘉維則教誨爾子不顯維德德之不顯譽髦斯士追琢其章娟于　天子維天子使秉國之鈞式是百辟正是國人正是國人以奏膚功旣受　帝祉相維辟公綿綿翼翼百福攸同維彼碩人荷　天之休服其命服泮渙爾游福履綏之如山如阜保佑命之以介眉壽云如之何昊天罔極降此大厲彼月而食山有喬松凄其以風孝子不匱憂心忡忡六月徂暑維以告哀于周于京薄言旋歸維桑與梓睠言顧之無母何恃旣傷且悲明明天子念彼碩人倬彼

雲漢懷之好音以享以祀遠于將之零露瀼瀼降福穰穰
自天申之不顯其光孝子不匱受禄無疆瑕等時邁其邦
高山仰止嘉樂君子不遠伊邇君子有徽猷受言藏之于
今三年何日忘之桑之落矣白露爲霜念彼碩人我心憂
傷濟濟蹌蹌或肆或將洸洸楊舟稱彼兕觥兕觥其觩酒
醴維醹陟降庭止神之格思

上清道觀

維嘉靖四十一年歲次壬戌五月甲申朔越二十七日庚
戌慈谿縣知縣霍與瑕敢昭告于　九天衛房聖母元君
之神切念與瑕叨承上命出宰名邦夙仰鴻慈秖欽駿烈

欲昌後嗣恪循前規爰在去歲俯伏殿庭行香祈禱今年五月二十五戊申日辰時誕生似續重承蘭玉之賜孔惠孔時敢備椒槳之儀以享以祀伏祈保佑俾得安寧自今世世之傳永受明明之貺綿綿瓜瓞依桂殿之餘休詵詵螽斯荷楓宸之遠庇

告辭慈谿縣城隍文 壬戌

伏念與瑕竊祿大邦敬事神祇不敢怠荒恤民節用朝夕靡遑惟清惟慎恪守官常顧以菲才事多顛倒承上接下尤爲草草府差到縣言無溫好且以綁拿寄之父老戶兵錢科舊日書手克庭盈房張牙舞爪一犯一革摧枯拉朽

積年收頭官糧謀討侵欺花費獲罪不少乃設堂收革除
重耗奸欺敗露怨用是讟富家大族通同書手飛田詭稅
丱册改竄　一淸查無容奸巧追丁納差怨恨稍稍有田
無稅正其訛謬白熟失圖尤加嫉娟自以居官哀多益少
彼富不仁水鄉奸竄廣收民稅私其丁料以此貧民差徭
損耗閭里艱難困於徵調犯者懲之靡容桀驁察之太甚
怨是用暴逃軍逃徒拘者必到夜半領兵剪除强盜處之
太决讒是用搆百爾興作付之耆耇該房泠落不沾毫毛
華之太絶讒是用造凡此數端十穿九漏臺后跋前竟權
羣譟廵鹽風聞遂落彈報直道三黜古有明效反覆以思

自安其咎但以奸贓謂瑕無艮東揞西摘黠玷多方此則讒人之罔極而箕口之誕張已荷　天子俯賜包荒宥瑕不問住弗究弗詳頂天戴聖感激何當竊爲大丈夫心事不白於世當質正於神明是用瑣瑣告于城隍神其有知鑒此衷腸倘瑕果如彈章所言使瑕不得還鄉或渡錢塘沉尸于江或十八灘頭水死兵傷如無事實亦乞神明洞察誣謗懲究奸誑示罰赫彰造言者啞其口偏信者耳聾而目盲身遭惡死子孫永世不昌其投書遞東中傷官長者使之覆絕以淪亡惟神赫奕鑒下有光丕顯典刑以救頹綱古謂不理于人則鬼神司其常瑕今無訴東手握吭人

之不聞惟神是望

祭黄毋故妹　癸亥仲春

嗚呼時序忽暮春矣不意吾妹不得見此春矣不謂吾妹之逝于今再歷春矣自我文敏公卽世以來二十多年吾兄弟七人亡者三人姊妹五人亡者二人念兹零落心緒苦辛吾妹之亡又僅得二十有七秋塵寰冉冉夜臺悠悠曷其有窮我心之憂嗚呼傷哉高堂大厦誰所居粧臺粉閣誰所娛錦衾繡服誰所需明珠翡翠誰所愉盛年夫婿誰所都煢煢二子誰所劬朝出暮歸兮疇顧疇復晨飧夜被兮疇挈疇須嗚呼傷哉自我之歸忽已經時謂多吉事

來莫遲遲念言及之無日不悲是此小祥薦此非儀寫我哀悰于嗟涕洟從茲以後去者日疎我之哭爾止此生㣲

祭潤叔兄　潤叔嗜酒能歌唐詩頗曉絲竹以酒卒

何歌聲之清以婉兮竹林茅店酒三碗兮何歌聲之清以越兮春街秋市度明月兮何歌聲之清以長兮短簫横笛雜羽商兮嗚呼何歌而婉天長世短何歌而越壯年訣絶何歌而長子女狠當嗚呼傷哉花之謝兮萼無色鴈之分兮折雲翼萱堂八十兮哭季兒朝朝暮暮兮哀無極我陳詞兮寫耿憂言有盡兮思悠悠酒盈樽兮薦庶羞神之來兮風飇飇

祭羅元山尊師

維昔壬辰瑕生十年從公于樵荷教惓惓乙未首夏侍公于燕藹其春風飫我道筌庚子之冬先君棄捐公適在都日造于壓詔瑕執禮幸以寡慾嗣是我公受官樂安德政優優風化四殫曾不八月歸丁内艱瑕謁公廬愈泝淵源再尹石門聲聞赫然五載政成致政言旋適入天關拜我甘泉領袖多賢龍門龜山會講小咼不替炎寒萬古斯文以背以肩頽流之砥鶩趨之鞭瑕時隨公樂有陶甄承規覗矩繩方就圓胡爲庚申瑕傾東官既其夏月公遽遊仙山頹梁壞摧我肺肝青燈夜雨細檢遺編儀刑空在杖屨

疇攀嗚呼傷哉泉師卽世兩月之前公隨淪逝宗盟其寒
斯文之痛我淚如瀾嗚呼自今敢不早夜奉遺教以周旋
公其有知鑒此衷曲于九原

祭莊仁山尊師

胡爲乎我心之傷兮傷以摧太山其頹兮吾將安所取裁
胡爲乎我心之傷兮傷以悲哲人其萎兮吾將安所適歸
何德之厚兮道之茂兮出言徐徐動靡疚兮是宜遐祉遹
不長壽兮何質之粹兮學之邃兮發爲文章離倫而絕類
兮是宜遐祉乃不長世兮嗚呼謂天道其可徵兮仁者必
壽是常經兮胡顏巷沉潛而短於齡兮謂神理其可推兮

有德者必昌厥后吾所知兮胡伯道孝友顧無兒兮嗚呼天道茫茫吾不知其常憂心且傷仰叩彼蒼神理邈邈吾不知其極憂心且盡噎我胸臆中林有桃維公栽之今其落矣孰則培之中林有李維公植之今其仆矣孰引翼之道孰吾依德孰吾師望望東山悠悠我悲椒漿桂酒遠莫致之緘幣陳詞聊寫我私

代諸會長祭魁星文　甲子正月集古

明明天子世有哲王矢其文德紀綱四方成人有德譽髦斯士學有緝熙媚于天子春日載陽求我庶士追琢其章爲天子使維北有斗鑒亦有光我儀圖之赫赫明明以享

以祀或刲或烹祭以清酒躋彼公堂神之格思降福穰穰保我后生日就月將受天之祜爲龍爲光

祭區母阮氏安人 玉田母

惟名門之淑媛乃懿德之攸鍾既歸事乎君子脩婦順之肅雍内而睦夫妯娌慈祥逮下以從容自閨門以及族黨挹芳範之何穠伊積累之既厚流光裕之丕隆繁本支於椒實衍奕世於斯螽遵孟母之義方纘共姜之遺風藹藹兒孫之在學若山上之喬松豈惟榮祿之總至將再介譽以永終顯宗祊之赫奕肇基緒於無窮謂碩人可族以見胡星隕石而水徂東哀人生之不可恃朝爲春花兮暮爲

秋霜之蒿蓬瞻靈旌兮恨何極睠曾孫兮虔敬恭仰音容兮不可見淚汍瀾兮心有忡雖則云然兮福且壽令終有淑兮亦何恫惟令子若孫兮與余輩德義相師兮恩意兼釀忽聞訃報兮心憭怛聊陳薄奠兮寄遠悰惟神靈兮來格來格來歆兮蕭颯其風

是日連祭梁封君

惟我公之醇德亶淑氣之攸鍾既沉潛以縝密復愷悌以熙雍老何尊而不敬少何卑而不容藹春風之被物爛桃李之華穠備五福以總至惟眉壽其獨豐幾九十之年齡撫兒孫之斯螽聚天倫之樂事兼物外之光風人咸謂之

地仙將如栢以如松胡忽然而搆疾遂捐館以長終吁嗟乎人世短兮天世長聚有散兮心無窮潮之生兮汝復下日歸西兮月出東惟消息盈虛兮天且不能外矧伊人兮孰能長生久視於瀛蓬我所悲兮令子賢孫積學脩文兮祇虔恭將祿養其可需兮每望西山而忡忡花欲開兮霜隕之樹欲定兮搖以風孝子慈孫兮哀孔疚艮朋姻婭兮誰不恫殼之肯兮酒之濃載陳詞兮寫心悰臨清瀾兮寄薄奠靈之來兮洋洋乎其丰茸

祭郭半山窀穸　乙丑八月二十一日乙丙酉日酉時亥龍丙向

嗚呼半山六十年間兄和弟友式是鄉闕從遊廿泉學究

淵源反躬實踐人無問言夫義婦從子姓雍雍雞鳴視夜
鳫翼排風厚積宜昌未見其光豈伊造物有待而彰半山
之逝于今十年未卽窀宅幽恨綿綿我來相土爰得茲所
令子曰然公適歸處天皇飛鳳太微之向九曲來賔馴獅
伏象盤古開天吉壤斯存以待哲人光于孫子從今以後
魂安氣受源浚流長根深葉茂士勤于學獨對彤墀明堂
梁棟盛世羽儀豈不休哉寻言有稽

祭告四峯土地伐大松卜三株以爲百年之植忽以歸盡感而祀之乙丑九月

惟天帝之生物每出震而勞坎伊皇后之布德木零落而
斯刊㓠萬物之始終曷有成而不壞凡動植之含生咸百

年以爲槩相此喬松而獨壽迺稟賦之孔厚彼巨榦以多材亦鈇斤之攸轇遭斲削以成器雖天地之不仁猶其大檖而小桷或奕世以長存秉元化以歸盡錫種類於崇岡亦無或乎不可又何必戀此蒼蒼僕夫旦旦而伐吾忽爲之感傷聊陳詞以旅刋惟土神之司其常嗚呼其化青牛於東海兮作梁棟於明堂

安始祖南雄珠璣巷以來寓墓　乙丑

南海之霍實自南雄千秋百世來播斯螽累葉艱難務本力農厥初生民公劉之風式勤式儉慶善攸鍾裕及后昆福祉斯戎至我文敏陟于上公言念祖德詩歌渢渢表其

宅里有奕且豊我后之人瞻思有仲綠江千里嶺樹重重
歲月蒸嘗無路陳悰我式圖之鞏是新封神無不之來都
上宮庶我后人桑梓敬恭清明之節陽九之中登高望祀
如見儀容丁辛之山巽水巽峯何山不朝何水不宗太微
峩峩休嘉實隆猗歟吾以爲九天之玉宇三島之瀛蓬始
祖來思無留戀乎南雄

祭區封君如山

惟公碩德鄉邦稱重口無擇言神不妄用與人之信待物
之和如金出冶若海微波酒色貨財一無所累寘寘細行
鬼神可對是鍾天祐多壽多男詩書濟美奕奕青衫泮宮

游泳自子及孫積學脩文大爾家門將謂黃封匪信伊宿胡然凄風吹此庭木甲子之冬倩老告逝日月幾何公亦即世哀哀孝子遭此大厲我唁弔思中心如噎念昔從公觴酒青園載歌載笑撫睇潺湲公謂再來知復見我別意悽悽含涕欲墮今斯來斯拜公香火憶公前言中心如砢嗟嗟人世如萍在水如葉在枝如花在莚水落春歸何花不萎惟公壽考八十康強扶孫抱曾四世一堂孫之文章逸驥康莊紆朱曳紫左劵在囊人間福履公亦全美九原之下又何悵只我親及友同此告奠陳是微誠匪牲則腆

祭梁封君　季秉父

嗚呼松栢之凌霄人咸仰其高而不知有本也然後有標
河漢之赴海人咸羡其大而不知有源也然后有派於維
我公碩厚且豐脩之於家積仁累功夫是以福之綏而慶
之隆教誨爾子文章修美浩若春江淸則秋水夫是以名
之榮而家之起彼其淑姿溫恭爾雅沉潛樂易是遠到者
胡爲乎公見其進而未亨其成也咸謂昊天佑老成人卽
當受命以顯其身胡爲乎公遘其始而遽逢其屯也嗚呼
松栢凌霄千秋不凋根斯本斯人孰不仰公之高河漢赴
海百川具滙源斯委斯人孰不羡公之大壽考令終百順
攸鍾奕葉流光抑又何恫瑕等辱知令子異姓骨肉聞兹

訃報痛我心曲陳詞設奠聊以告哀九原不昧鑒于泉臺

祭同年進士黃帶泉公

嗚呼帶泉公胡爲而來也吾不知其然又胡爲而去青春甫弱冠文章超羣輩秋空奮健翼蟾宫折高枝壯歲登黃甲聲名播天府觀政西曹署人人仰清妙在告養微疴樁樹覆庭陰晝錦耀里閭吾黨亦歆羨携艾入皇都將期君永好豈謂忽報訃我聞心惻怛天胡豐其才而又孑其福胡爲嗇其壽使不旣榮祿吾不知其然欲問彼蒼蒼古今達觀者長短一齊視夭壽不貳心記在鄒人書君今利達全又復有令子千秋一瞬間何必計朝夕我等陳牲醴

臨流寄遠悰白雲飛悠悠思心渺無窮

祭歐陽千湖春元 丁卯五月二十八日卯刻

嗚呼千湖胡爲其然憂勤積學四十一年千湖之才俊偉奇特長江洪瀚窮崖壁立千湖之文出自心源使其大成方駕蘇韓千湖之志超今邁古慷而以慨孰識其苦乙卯之秋騁其藻思以易冠場魁兹多士奇蹤逸駕未宴瓊林歸養三載醞藉彌深凡我友生謂當遠到胡然遘疾逢兹不造當其將亡自書銘旌終天之憾曷能爲情志之悠悠年則幾何吉人短世豈天之訛人亦有言天與難全富或不文貴或不年恨公雄才未躋顯位天胡不仁降此大厲

人亦有言積善必昌公之世善彌遠彌光恨公之慶當熾以豐天胡不仁降此憫凶嗟嗟人世春花在枝一埸風雨狼藉離披或其耄耋或其半百渾元視之總爲瞬息所以哲人於此銖兩齊觀達視了無鞅掌瑕等辱交文會合志同方忽聞報訃痛我衷腸潔牲清酒陳詞告奠公其有知歆此三獻

奠張省齋

古稱錫用五福惟有德者享之以今觀於省齋其五福兼將者乎公生宏治戊申迄今嘉靖丙寅多歷年光生於熙洽之世長於寧謐之鄉不聞兵革之害不見戰鬭之傷優

游卒歲可謂壽且康矣積祖富厚至公廓而大之僉而不固勤而有常禾麻稻粱千倉百箱窮有施乏有賑遠近多資其蓄藏可謂富而知禮足式鄉邦者矣自正德年間甘泉先生講學西樵四方雲集公首立門墻聽無傾視無傍步武無頗出言無詐直身聳肩終日翼翼有惰容者莫不以矜以莊既又率子若孫咸登大科之堂人謂三世同門公實斯世之笙簧也可不謂好德者哉公富而能勤穫在畎畝業在池塘菓木之課耘耨之臧必躬親之隹客至徐徐在蔬畦中洗足歸納履整裳出迎延坐設几不倚儼如也昂如也性少飲酒然陪客自朝至于見月星無倦色其

康寧有如此八謂實莊敬日强之明效云公生一子三孫見曾孫者數年矣公素少病晚年但稍衰耄頗偃息于牀耳忽得微恙遂淹然長往生順没寧可不謂考終者哉雲谷蒼蒼道滘湯湯八十年光風月堂堂公仰無愧俯無慞德之厚福之昌没亦無攸憾矣惟我同門喪皤皤之彥我同會失振振之良衣冠鄉里謝是流芳鶴歸華表龍返滄浪瞻言念之我恨何長臨風寄奠寫此衷腸哀情吊意雲水茫茫

祭仰泉鄧先生

惟公醇德温恭旦夕言不妄發行每有格早立師門坐傴

晴春歌風嘯月窺見渾淪七十多年尋芳靡懈雲谷煙霞
手便足快詩篇琅琅靄其風致啼鶯求友鳴鶴和子凡我
交游以及姻戚親炙德輝疇不悅懌精神爽俊爾老彌康
謂將百年爲同門光胡爲一疾遽爾告逝秋風蕭蕭吹此
鶴唳我今八士離羣索居蒹葭伍水多斷音書是以遲遲
來吊繐幙緘兹情詞我心惻惻

祭吳諫山侍郎 戊辰三月六日

於維我公淸時碩彦才則邦楨學則時憲早以明經高擢
巍科出宰宣城政脩民和入侍 丹扆烏臺豸史汲孺方
嚴受知當宁侃侃直言批鱗將鬚權臣撼之彌撼彌堅攬

巒觀風慨然澄清蒸民怙恃庶尹儀刑終以此時豺狼當道告疾而歸含章自寶二十多年棲遲林下望重東山風高洛社皤皤耇德簡在帝心一歲三遷晉秩駸駸輿論攸推台垣虛位胡天不弔明星夜墜道之將行忽焉以廢杳杳夜臺凄凄幃繐凡斯人斯孰不惻傷矧我僚屬聆教敦詳遥聞大變痛切肝腸臨風寫哀寄奠一觴泣涕漣漣江波湯湯公靈有知來格來享

告栢子潭龍神　戊辰三月告之次日大雨

聖天子在位起天下嵓穴之士以共治理凡士出潛離隱莫不慶在田之見思德施之普也惟龍王享冇秩祀于茲

已二百年滂沛嘉惠于邦之人邦之人咸賴亢旱必禱今春已莫矣民之望雨久矣齋戒懇祈於龍王矣余以爲龍王當振鬣天衢膏澤九有以佐　聖天子憂憫元元之盛心不宜尚穩卧嵓穴中也昨十二之夜雷聲殷烈既而霹靂數十響凡一二鼓乃罷衆以爲且浸没園池四郊其沾足乃晨起仰視明星有燦道路之塵未浥也豈不孤四民之望季世士習談高而趣卑平時仁義道德滿牙齒及一資半級之高下則百計鑽求下石知友不恤也訏謨畫策揹摘任事者之得失張口裂吻惟恐聲之不大至於職之艱任之劇者輙縮眉不肯往不得已而往亦鮮實惠顯功

以澤潤百姓此其爲霹靂震烈祗有虛聲孰甚龍王得毋
效此將爲素食羞是用祗肅請于壇潭惟王其駕雷車掣
電旗右風伯左雨師出石洞騁雲逵施優渥播淋漓不瞬
息而周游乎嶺南江北下上乎六合九圍膏澤旣足乃長
嘯以來歸則龍德正中無遠不自而茲游亦大樂矣敢天
之下其敢哂曰但有霹靂虛聲而已也謹禱

奠張介川

吁嗟介川受質何豐立志何遠制行何醇駐世何短介川
居家玉潤雲軟事父與兄温柔惠婉介川居鄉鄉評靡選
宦而無驕盈亦不滿介川處世與時舒卷事每三思出言

和綏逮其卓而如石不轉利物濟人力善靡倦肩朋故舊情義繾綣凡我姻親仰承赫烜桂月一枝蘭秋九畹謂公長年如岡如巘教誨爾子芳範時纘胡爲一疾醫療莫挽訃音遥聞我心惕怛吁嗟人世頽波滚滚去年十月南樵偃蹇何斯罹斯曾不轉瞬四十年齡紅顔青眼登高望遠矯其强倜何斯罹斯一往不返吁嗟我哀哀淚潸潸月落天寒霜零秋晚潔牲在俎清酹在盞靈斯來斯凉風蕭散

奠蔡母歐氏安人

於維安人禀性柔嘉名門懿範鄉里攸誇歸事夫子宜其室家勤以處富用而不奢伯叔妯娌婉順靡譁教誨爾子

存誠閑邪德既不爽文亦有葩卓然鄉邦令聞斯遐安人旣壽義方有加諸孫于婦無敢或生内敦睦好外著聲華安人福慶猗其未涯九十年齡飲露飱霞望望東溟蟠桃始花胡爲仙馭駕此龍騧哀哀孝子莫挽雲車裒荳夜繐枯木寒鴉蓼莪之感有恨恒沙瑕等居連烟火分忝莩葭聞訃則心涕泗咨嗟剝烹牲脯敬拜繐麻淸尊崇酒魚有鮨鯗神之來斯佩玉鳴珈

寄奠岑康阜

嗚呼康阜德則孔有恂恂儒雅出言不苟稽經訂史靡停口手發爲文章外孫虀臼甬江是知布衣爲友緘如結如

乃鮮后咎昔我徂東載罹羣詬公無一面力爲排剖今我歸奔讒言孔厚東人西人交煽豐蔀公尤苦心苦心苦口人我相知有孚盈缶念公生世遭陽之九破屋蠨蛸三星罶去歲孤蹤來依南斗我侍德輝從容執手風送木犀月篩楊柳謂公手姿伊耆伊考攜艾于歸阿那有後胡爲人來報公卽軌嗟嗟我哀感心疾首遺書誰讀荒隴誰守蒿里凄凄牛羊時蹂嗟嗟我哀人生隙駟世短天長孰爲不朽三教皆云不亡者壽念公精神長存宇宙大化同歸何速何久山高地濶莫奠淸酒何以寄之溪蘋澗韭公靈不昧庶幾來右

祭梁祥岡尊師 乙亥三月

嗚呼赤子之生孰其被之裳而黃頭黑髮孰爲之冠俾顒昂而粉藻元黃孰爲之繪質以章而琴瑟管簫孰節其音協宫商而嗚呼我師壯年傳經言之長而遨游兩都文敏白山是同堂而終日端坐肅以莊而藹其春風凛秋霜而歸棲樵山游泮庠而歌風嘯月弟子林林顯其光而和厚從容式我邦族被四方而遠者朋來近有三世立門墻而盛德作人天錫之祜流馨香而歲在甲子乎永奪魁丹桂芳而自是以來福履日將爰徜徉而栽花灌藥獨樂一園老彌康而七十八年顏丹髮白少眚殃而胡爲甲戌二監

爲厲久不臧而孚永于京歸侍湯藥朝夕靡遑大數有終乃歸仙鄉嗟我門生哀心孔傷念惟我師后學冠裳衣被彰而五色得永成文章而五音得鼓奏鏗鏘而鳴呼孰冠孰裳此日其亡孰元孰黃孰其敷張孰宮孰商孰其紀綱我心悲傷頹山墜梁桂酒椒漿匪其苾香三獻陳詞寫此徬徨靈斯來斯遺書在床

祭趙東埜方伯

何吉人之醇粹鍾海國之精英煥文章以發蹟巍科甲之庸登筮膴仕之赫奕爰執法乎廷評彰令問於淸世陟華秩以南征大叅名省愈高愈榮未艾歸處五章孔明林泉

嘯傲鄉里詩聲寄高懷於翰墨結華彩於丹青煽和風於薄俗式儀範於後生膺八十四年之上壽人咸謂有德者之必有齡胡一朝兮遘疾歲之暮兮隕星海邦之人兮聞訃奔弔永傷兮同情我所悲兮更切吉人逝兮誰我儀刑風蕭蕭兮雨冥冥江天浩蕩兮怨淚零低枝泣露兮楊柳青林花亂落兮春事更我所悲兮言不能道天長地久兮恨難平崇觴潔酒兮殽俎馨再拜稽首兮薦此哀誠神之來兮肅旆旌

湛甘泉尊師入鄉賢

曰嗚呼尊師辭世于今十七年矣廼祀于府學鄉賢何遲

遲也尊師祖述洙泗憲章濂洛身肩先覺九十五年一洗
末學是內非外逐外遺內之弊歸於渾淪大無不包小無
不貫動容周旋中禮盛德之至也后有哲人知德之深公
論既定尊師必配食夫子廟庭乃今又遲遲也是故列祀
鄉賢未足以崇重尊師也表章先哲重有待於后賢也雖
然表章不表章配食不配食豈足爲尊師加損哉香幣申
忱惟尊師鑒承之

祭何母馮淑人

於維淑人海邦華胄歸配德門慈祥懿厚祭祀烝嘗有齋
克孝施于宗姻式是德教顯顯令子丕承內訓總憲烏臺

令望令聞祗奉淑人榮養于京錫命封章奕奕繩繩被服
霞帔錦裳燦爛鶴髮珠冠萱堂式燕季子克類大對明廷
乃選吉士瀛洲蜚聲孟兄季弟並列華要有德有文淑人
榮耀八十一年福履雍容躋于上壽康寧考終載受帝祉
恤典有優生榮死哀當世罕儔春日之陽道路之長靈輿
言歸孝子悲傷瑕等官覊職守聞訃驚怛臨風告奠寫此
哀惻望望歸舟悲恨奚深維靈不昧庶幾來歆

寄奠汪夫人

於維夫人出自名門内則斯嫺淑惠終温歸相夫子載彰
婦順雍肅宜家展有令聞是篤其慶是生哲人明山鍾秀

爲國藎臣藎臣翼翼敷皇之極天子念功綸音載錫顯顯
夫人服命輝煌有赫其光錦衣霞裳福履孔將壽考且康
子孫詵詵詵瓜綿葛長天子新命哲人方起胡爲彼蒼風木
遽萋瑕等受知令子亦旣有年方幸同署侍側官聯忽聞
此憂驚惻不已遥寄一觴申其底裏越山之高鄮水之長
蕭颯靈旗來格洋洋

告儲潭文 丁卯九月五日

瑕自出世五月母氏抱渡兹江至于今凡二十往返矣仰
荷龍光俯番鴻庇江流每穩風波不驚向者壬戌歸來設
誓五雲敷陳丹腑爾乃惠風隨旆薄暮抵潭雖大化以何

心實微衷而增感自分削踪南服没齒遐荒古木森森永斷來庭之望寒江渺渺空流去國之思豈期重荷天休再甄樗朽楓林楚水仍聞長樂之鐘桂樹樵雲暫輟孤山之磬出勤王事誓竭愚忠是非直道而行質心天地榮瘁有生所定委順乾坤是瑕所以答無涯之靈貺也俯伏階除不任激切屏營之至

祭千金陂 丙子

聞之爻老兹江之流太初繞城洋洋顧留中古北徙下于西洲乃有哲匠經畫綢繆横江作陂截是洪瀏豈謂故河日就淤淺春雨夏潦江流艱蹇是決長堤巨石席卷數百

年間凡幾葺造滚滚洶沙紛紛塞澳民力既殫元圭未報
豈其人謀七顛八倒我思神禹導河瀹濟雖行無事亦有
惝恃鑿龍排紫乾坤將毀九澤既陂爲堤幾里是知人功
實輔天工增高補下千古攸同惟兹江流二郡之衝通闔
下越來自南東聚精孕秀是産豪雄此都人士實賴蝌蠓
望江環繞乃切緜恫我來攝篆詢民之瘼咸謂允宜滙水
爲郭屢承　上命相其的確促兹戎工塡低培薄或浚其
沙或鑿其惝毋激水流以來漂礮鳩工聚材廣詢多學竊
吉與工木石交珏是用齋戒執豕牽羊烹剝肆將載其酒
漿來兹水滸獻其馨香上自建昌下至武陽神斯來斯鑒

此豆觴仰祈駿惠福我庶蒸風和日朗雲雨不興溪源借涸泉流淺清畢月烏鵲水鬼陰兵飛沙走石疊下作平水自上來至此安和無震無怒紆徐透沲相我民工終成靡他我酒苾芬簫鼓侑歌神斯來斯旌旆婆娑

祭岑蒲谷方伯㝉窆

嗚呼曷其歸而黃麐之堂有美陂而嗚呼曷其去而旆旌悠悠悲磋露而嗚呼曷其寂而山川阻幽永㝉窆而哀我友生言之長而文犀朱鶴被五章而詩社琴尊歌琅琅而鴻篇大雅跨晉唐而追班逸馬文輝煌而壽考永康善趨蹌而遂學温容式鄉邦而嗚呼曷其不少淹而后輩有於

瞻而此去曷時其旋而三城春樹依舊纖纖而嗚呼山明水秀草木𥦗茂哲人永藏福履則又宜爾子孫金章紫綬潔牲在俎焚以烈香祖奠陳詞公其格將

祭方偉林親家

嗚呼偉林曷維其巳青青子衿少游泮水嗚呼偉林曷維其亡肫肫德實宜流之長黄閣本支閩江遠派公篤其慶彌昌彌大宗有老成鄉稱君子世濟潛光斯源斯委我也締姻兒女詵詵匪惟門地實以近仁胡然小疾兩楹遽奠親眷百年會不一面嗚呼哀哉將謂樵山與公同閒落花冉冉啼鳥關關將謂白石與公同適茂林伊觴流水伊席

嗚呼花落春殘鳥啼春怨林茂春歸水流春散豈不哀哉薄奠之設酒醴非馨臨流寄遠聊以陳情公靈有知格于幽冥

祭聶婿祜蒼 丁丑三月

嗚呼曷其生而不久兮香菌朝敷暮速朽兮曷其華而不實兮祟桃畫緋飄風蹶兮胡爲乎鶴雛之翩躚兮雲衢折翼隕靑田兮胡爲乎龍駒之發軔兮九陌塵濛祗自僨兮嗚呼香菌朝生礪斧伐之祟桃畫緋莫邪折之鶴雛翩躚蒼鷹搏之龍駒發軔犴犬玃之其天乎人也其人乎天也天乎何怨人也何憐人乎何怨天也何言嗚呼繐帳微風

春堂夜雨寡妻孤啼無兒無女無從之涕寻其曷已酒食
告哀子哀曷已重泉有知亦來鑒只

祭亡女

嗚呼哭汝夫妻偕天二十三年駐世何少嗚呼哭汝無兒
無女繐帳空堂凄風暗雨嗚呼哭汝慧質淑㒵順于夫子
孝敬姑嫜嗚呼哭汝病既孔棘遺言𦾔事備于首飾毋憂
父母無勞叔伯自身不保慮及纖悉我念斯情可勝悽惻
悠悠彼蒼曷其有極年來老眼夜不能矑一哭再哭三哭
無淚四哭拊膺至痛無聲三七是來薄奠寄情牲醴非馨
鑒于幽冥

祭冼妹 戊寅六月

嗚呼予兄弟姊妹何多短也自嘉靖庚子　文敏公棄世大兄年方十九歲四弟年十六歲七弟才七歲大姊年二十六歲三妹年五歲妹才三歲相依成立期保永年胡爲乎大兄年僅二十一未娶而亡四弟年三十三而亡七弟年二十七而亡姊年四十四無嗣而亡三妹年二十七而亡兩紀之間凋零剝落計予期功之服未嘗一半載離體也以爲往者不可追來者猶可保后死者當得壽考看子孫成立胡爲又報我妹之訃也妹少有至性長歸名門孝順不違柔嘉有式遭伯氏鬩墻之禍家計日窘未嘗出一

怨言予以爲此當得壽考看子孫成立胡爲其隕之速也平生産子甚多僅存一人女二人備嘗酸辛鹹苦眉頭未展遽歸冥寞抱恨悠悠何時而已嗚呼痛哉人生脩短貧財窘羨子孫賢不肖皆天也非人所能爲予近且衰亦不能多有憂哀但恨爾家難未終先棄丈夫幼子爲九原永傷耳倘謁見主政少汾翁道及乃兄弟事請早處分抑蒼蒼者有定父祖亦不能爲子孫謀也和氣致祥乖氣致異爾尚以此陰祐爾子忍順克家終天永别此言爲祝牲醴寄哀衰淚如雨

祭董臨江親家

嗚呼臨江胡爲其亡豈彼者蒼福善靡常嗚呼臨江胡爲
其逝位不滿德年未副志古有淸修惟公其儔踽踽獨行
顯顯徽猷古有循良惟公嗣芳東尹遺愛於今不忘游宦
壯年直道多蹇自東徂西眞才莫展乃陟王官解組歸棲
一室懸磬三徑離披兄友弟恭媚姙且好以優以游百年
佚老胡爲一疾未朝伊夕遽報殞星遐邇同感瑕也於公
奚啻姻婭德實孚契志義纏綿將謂登山同陟彼巔升高
行遠希踪古賢將謂涉川同躋彼岸沂水詠歸濂溪泮渙
嗚呼曷其亡之速而后生何所取淑而曷其逝之遽而哀
歌忽其傳薤露而諸孤在堂誰與拊而遺書在床曷有所

而我哀孔傷言之長而桂酒椒漿潔牲芳而陳詞致奠淸淚浪浪而

祭鄭闓源太守　戊寅八月

嗚呼闓源其遂止於斯耶惟公之生少有異質未總角而游泮水何其早也服青衫對青燈者二十多年淹貫六籍旁覽百家乃掇鄉科又何遲也六試南宫乃成進士何其榮也出宰百里歸拜二親又何慶也晋秩留都從容郎署黑髮繡裳凡五六載而陟方面何其泰也蔚彼柳州猺獞是處不鄙夷其民而休燠之州之人士交相慶曰百年來無此賢太守也又何仁也嗚呼仁德方施泰運方始慶澤

方流榮名方起胡爲乎其遂止於斯也嶺樹蕭蕭黔水迢迢旅櫬南下素旐摇摇豈不傷哉瑕等世世通家重重姻眷仰止高山師師文獻忽聞訃報將信且疑歸舟載覩怛矣其悲臨流潔牲迎風奠酒涕淚陳詞公靈來右

祭蕭龍石大尹

奚善人之遽逝將后輩以何贍欝松楸之萎悴痛隕霜之戒嚴伊昔少壯美鬓淸髯泮水秋闈奪錦筆尖乃登仕路風驅火炎直躬違時摧于衆憸養志舊林三十多年情殷鄉里之交游義重友生之諾然時扶老以流覽亦南湖而比燕既晩歸而安處幸卜隣之萬千期花徑以追陪待黄

楸之秋燐胡一疾而長徃弔昊天其酷臘淌竹林之聳翠蔓芳草之戩戩雲濛濛而護幙風颼颼而入簾寒燈從夜而達曙香煙細繞於高簷思哲人而不見横涕淚之膺沾敬陳詞而致奠恍靈脩之來詹

祭譚二華大司馬

嗚呼知巳其不可作矣乎豪傑之才聖賢之學其永歸於冥寞矣乎始瑕之尹東方也公憲海道舟中數語頗見稱許后以條陳時事大加歎賞曰后輩有人其買骨收駿有如此瑕亦自策駑劣以副知愛恨褊性違時深孤期望之厚也庚午之歲公總督遼薊瑕職職方軍國大事稍效區

區雖涓滴無裨於滄溟之浸然竊有自旣之心焉公亦謂其可教也恨褊性如舊深孤奬與之厚也丙子之秋瑕以廣右不及當調簡僻公爲大司馬語銓曹曰若瑕者太過則有之未覩其不及也吾江右願借此人瑕遂得補大邦恨褊性如舊深孤汲引之厚也瑕三黜歸棲自以放臣逐客義當緘結不敢通隻字於門墻乃不逾時而公訃報矣嗚呼哀哉惟公諸葛奇才陸贄淵識歐蘇文字韓范忠勲此當世所共仰汗靑所必傳瑕固不能敷敍其萬一乃若近法朱程遠宗孔孟此則淵淵乎其無窮也瑕又不能窺測其底裏千里寄奠惟深知已之痛而已秋風入候落葉

滿江洒洒臨流涕淚如雨

祭大洲趙尊師閣老 已卯九月

嗚呼岷山其頹乎三川其竭乎斯文之正氣其歇乎后學其靡有式轍乎始瑕之游太學也日立春風時聆奥義瑕以死而不亡爲問師曰但立必爲聖人之志久自得之愧瑕庸劣及今未能服斯言也庚戌之秋虜犯古北京師戒嚴師倡正議氣浩聲厲瑕請曰臨大事以鎮靜爲主師頗然之自后瑕歸嶺外二十年不瞻風度也歲在已巳師自北而南尋承　特眷内召爰立作相瑕隨補職方師曰勉之頹波滚滚百川砥柱是賴瑕曰何如師曰　朝廷設諫

官將以糾察大臣之不職今出一輩科道專保留天官保留首相共爲朋黨此何爲者瑕曰君子與君子爲朋小人與小人爲朋要當辨别邪正耳退而上書以爲宋末史賈當權每以辭去要君而臺諫言官勸人主屈膝留之冠履倒置遂淪没於夷吾師所論正乾綱歸　主柄誠爲救世之急務抑瑕聞之周公謂魯公凡四言固平平耳然八百洪基培植於此處大事以忠厚爲主師頗然之后以議立大營事瑕復妄發師面斥瑕然不深罪也師於國家重務片言立斷有不可者厲聲折之人不能當其下風然行雲流水一過即休未嘗有絲毫芥蔕胸中汲引后進愛惜人才

容納直言爲　朝廷開言路毋惓惓也況一老門生而不能容哉庚午冬瑕補廣右師顧慰之無何師以剛直違僚歸去矣東西萬里魚鴈甚疎十年間僅一裁書附候而師之訃入邸報矣嗚呼傷哉公學爲帝師才堪王佐不吐不茹至大至剛此其鍾山岳之間氣爲一代之偉人家乘國史當載其詳非瑕所能揄揚萬一緘幣陳詞聊道師弟子相與之情寫平生離介不檕以寄九原永隔之哀耳凉秋九月衰草盈堤望遠臨流涕淚如注

祭何麓池秋官

嗚呼椰樹之灣兮見古書堂桃李翩斑兮黃鶯晝囀余與

公閒閒兮嗚呼玉河之畔兮西曹來過燃獸炭兮剔燈待報余與公泮渙兮嗚呼清江之湄兮德政流悠遺去思兮余北征之櫌櫌開夜宴以游嬉兮嗚呼雲南之補兮輿論孔昭謂未平兮曾日月之無幾晉秋郎之要清兮嗚呼壬申之歲兮余丁內艱承遠慰之厚弔兮哀淚潛潛矢文字之靡多兮如接音顏嗚呼甲戌之春兮九弟南歸公惠言以勉余兮日識早以歸棲惟世路之險巇兮非直道之攸宜余領嘉言之懇到兮顧薄祿以差遲謂年華之未暮兮尚勉强以驅馳忽驚弓之暗及兮憶教語之先幾何歸處之兩載兮遥訃報之傳聞彼蒼天之曷極兮遽隕墜於斯

文路悠悠其莫赴兮欝哀痛之如焚歲月倏其屢遷兮遺椒漿之無因五嶺山高而樹翳兮斷淚眼於秋旻嗚呼傷哉兮素帛凊香匪微渺之足獻兮表此衷腸通家世譜兮曷其可忘山齋月上兮遺書在床一讀一悲兮涕泗浪浪公神長存兮來格洋洋

祭盧星野方伯　庚辰二月

嗟文章兮華國才妙高兮學博秋之桂兮春杏連掇枝兮花萼嗟天衢兮試馬空塞鞏兮泛駕起秋官兮宰文衡菁莪樂育兮多士爾雅嗟仕路兮堂堂藩臬屢陟兮彌昌犀之腰兮鶴之背茄花褐傘兮流黃嗟少壯兮幾時忽變衰

兮鬚眉天着閒兮歸來胡不樂兮耄期嗟月露兮煙花雜急管兮悲笳晉之風兮鄭之舞謂光陰兮未涯嗟年歲兮忽暮六十三兮方度二監爲殃兮流連奄棄捐兮親故嗟宿昔兮好歌惠寄我兮且多公今安在兮空文壘剔燈夜讀兮淚滂沱嗟去秋兮見招楫舟西遊兮芳郊公今安在兮江海潤寥念之長兮魂欲銷嗟春歸兮粤臺林花發兮紅梅美人悵兮倚檻思公不見兮繁京嗟春殘兮雲帽東皇冷落兮風且暴美人悵兮臨流望公不見兮痛悼嗚呼傷哉昨日問疾已云公好今朝歸人遽聞訃報嗟嗟短世電光流泡石火隨椎風燈閃照念之長兮言不能道潔牲

崇酒再拜總筵親情交義永訣當年

祭陳姊窀穸

嗚呼吾姊辭世二十多年矣今乃得歸土耶其嗇於財耶乏田疇耶無佳城耶抑以爲故宅可久淹耶千金之家非嗇也田連阡陌非乏也依祖同夫之穴非不佳也棺櫬淒凉香燈寥寂幾度春雨幾度秋霜落落空堂人迹罕至迄今乃得歸土也豈不傷哉二十五而孀居權持悍嬙錢文粟粒不入其手自以無兒無女寛容不較然每懍悒悒以沒也豈不傷哉自姊沒後承繼者至今尚未有分産他日之戚未知所終但得茲襄事聊慰幽明而我離裏屬毛心

亦少降耳牲牷酒醴以寄永哀

奠陳省齋母　氏夫人

嗚呼古稱慶者在堂弔者在門弔者在堂慶者在門豈不信然當令子大夫筮仕淸時晉陟黃門也白簡霜寒鐵面玉立霞帔璀璨夫人有餘慶矣乃以直節削逐遺滂母憂亦不足弔乎既而輿論大定復其舊物黼黻鴻猷觚稜末俗封駁糾彈無所避風采震於朝端兆足以行是豈但夫人之慶又以埋輪借劍賈沙汲淮忌者未巳頤指鷹犬中以奇禍歸侍夫人雖三公不以易一日養然憂違之志感矣亦不足弔乎家食多年　皇恩普被起安石於東山召

司馬於洛下蒼生倚望是豈但夫人之慶乃　新命甫臨而夫人捐館舍矣海宇羣黎未卽蒙仁人之澤邦家之慼曷其有極嗚呼傷哉雖然椿萱齊壽八九十年子孫繩繩旣多且賢而令子大夫方將奉三遷之教遵先哲之矩儀式後學爲上爲下達其道以宏濟函夏聲施無窮夫人之慶未涯是不足弔也瑕忝姻末聞訃驚怛山川阻遠不克躬奠緘幣陳辭寫其哀恨惟靈不昧庶幾鑒之

會奠張勺泉

嗟道之興也哲人乃生多士雲蒸師師濟濟立門庭及其廢也法堂草青空谷希聲零零落落如晨星嗟道之存也

門第師承伐木鳴嚶喤喈喈求友聲及其亡也前輩凋零后覺靡明挑挑撻撻晦冥冥嗟我哀兮公之没同門彌孤兮遺靡了烟霞后洞兮想儀型雲谷前樓兮空皓月后生何從兮企潛修鄉無老成兮芳範歇樵山雲樹兮早欲枯道滛之水兮流將竭嗚呼傷哉瑕等同方共術六十多年聞公隕落哀痛纏綿臨流寄奠芻生酒元滄江阻遂不能躬赴望遠陳詞清淚如注神之格思蕭蕭靈輅

祭倫穗石秋官

維公家世赫烜耿介兩會占元一狀一解公承其流彌綿其派維公嗜學六籍咸精巳卯秋榜以易成名屢試春闈

一科一經既戊戌年兄卜以闈神明相佑乃報春秋遂膺天祿春署優游陟秩司馬幾年白下輿論攸歸宏深爾雅指日喬遷棟梁大厦乃公恬淡浮雲富貴壯歲掛冠縹爲高逝卜耽奥典淹貫百氏汲冢酉陽山經水志旁搜博採總奇攬異發爲文章深沉平易慳詞險韻天花亂墜輿論攸歸三蘇作類公行孔醇動履恂恂謙恭中禮和厚奪仁甘貧養志寡慾存神蠅頭細字簡書必親人謂康强如公鮮有是宜耄期俾其單厚胡爲微疾臥床未久七十有九山頹木朽嗟嗟百年嶺海世德老成凋謝后生何式海内交游鄉里相識聞訃痛傷慘其怵惕矧我人斯周親累戚

奔走執事哀恨何極潔牲束帛再拜几席瞻望繪容如見顔色陳詞獻酒寫此膈臆惟靈有知庶幾來格

奠黎瑶石内翰方伯

胡爲乎學博才高早以鄉書薦譽髦而胡爲乎漢賦楚騷方駕馬班湧秋濤而胡爲乎唐音鼓吹優游爾雅離倫類而胡爲乎洞古通今品藻當世識精深而猗清時之妙選而十年染翰侍禁苑而猗起草於明光而黼黻猷燦天章而猗職業之日茂而腰帶黄金孔雀繡而猗垂裕於后昆而天官勳庸揭以掀而胡爲乎急流之勇退而靈洲珠海羣后輩而何平易以從容而笑語追歡樂雍雍而朝白

雲而暮羅浮而昔游風月蹇綢繆而謂平格其百歲而胡爲小恙遽大戾而吁嗟浮世原非圓滿地鈌仰盂天傾覆碗日月盈虧寒暑互換如公世德世宦烜赫七十多年壽且上域白髮垂肩斑斕繞膝立德立言更貽無極茲生人之最休而惟福履之自求而知九原之永綏而吾姻黨其曷悲而望雲旆之搖搖而思音容之寂寥而嗟三城之庶士孰彷彿公之高標而炷真香而酒烈芳而哀淚陳詞靈洋洋而

同門會祭麗弼塘尊師 癸未二月初四日

嗚呼任孰其重而孰其以肩以背不震悚而道孰其遠而

孰其以驅以馳力靡倦而於維我公早登秋榜橫經授業
皐皮設講從遊濟濟且多英秀發解奪魁如林斯茂乃官
留都晉陟西署明刑講學龍翔鳳翥出守雲南市不貳價
忠信可行蠻夷式化權奸秉政抑忠嫉良五十二年以老
還鄉歸理初服羅浮樂育引掖后生道範彌篤翛翛晚歲
湛門立雪沉潛縝密剛方峭絶師屢稱許曰吾老友遂爲
館長多士領袖優游念年遵師步武規矩準繩大細畢舉
前之往者賴公繼緒后之來者賴公翊輔我同門者慶有
宗依春風秋月吟弄不違天關朱明顏瓢點浴煙霞雲谷
載追芳躅謂當百年斯文未喪胡爲一疾鳳歸龍亢嗚呼

哀哉任之重而從茲以后孰公勇而道之遠而從茲以后孰公纘而法堂春草將芘茸而江門山崩川且壅而我心之憂天懵懵而焚香束帛零雨濛而公靈長存鑒此哀悰

同鄉會祭龎弼唐先生　二月十四日

嗟嗟弼翁胡爲遽逝天之降喪哲人其萎嗟嗟弼翁中行獨復舉手頓足前脩芳躅早歲巍科恂恂謹飭傳經授徒英才赫奕壯年筮仕治中應天載轉西曹聲望焯然陟守滇南考最第一道之將行阨于娼嫉翩其來歸羅浮舊棲衡門講席冷熖彌輝晚師甘泉研精抑元沛然江河會海同源益嘗論之公之平生忠信金石孝友神明剛毅温和

蘗苦氷凊光前裕后福履畢盈是皆春華亦復秋螢浮雲太虛電走雷驚乃其胸次造物與遊舞雩之詠川上之流風花雪月終古不歇江門以來一派未絶公斯繩斯展也大成匪直我邦后輩儀刑倏焉告終斯文曷主痛我友生及我離褁漠漠寒雲凄凄芳草思公不見我心如擣清酒潔牲陳詞致奠公靈長存歆此三獻

奠鄧唐尊師　二月十六日

瑕侍先生有年矣時維乙未執經聽講言耳提之以此得窺詩易之旨時維庚子大艱于京言面命之以此得執在疚之禮時維甲辰同赴春闈公簉仕矣瑕乃南歸時維巳

未同旅玉河瑕成名矣公乃南歸又三年瑕自東土來歸
入粤秀之社從此得日領先生之教矣先生官留都瑕晋
謁語曰古人家無擔石而燕及煢獨最難先生居樵瑕晋
謁語曰古人不獨不以名位高人乃不以德義高人若無
若虛最難先生居鄉聞瑕有暮夜之戎語曰君子處世必
使一鄉皆樂乃不獨樂其樂必使一鄉皆安乃可共安其
安除鄉間冦賊非子誰望去歲先生疾亟矣瑕遣价候召
至床無他語但曰君子處世勿避多口之憎會省濠河須
與痛說利害錫福鄉邦非子誰望凡數十年先生所再教
者千言萬語無非物我一體人已兩忘之義瑕亦不敢以

庸劣自棄至於遵前脩之矩武啓后學之迷途壁立萬仞不震不悚力以斯文爲己任此則江門天關一派賴以永存嶅五嶺以南一人而已瑕乃瞠乎其后不敢望先生後塵也嗚呼先生没矣前脩疇嗣后學疇依霽月疇瞻春風疇坐悠悠蒼天孰知我哀淸酒烈香陳是悃愊戀幃望拜痛我心曲

西樵同門會奠弼唐先生

嗚呼公其逝乎天其喪斯文乎我同門其孤乎自公之傳經于羅浮也而我甘泉先師重其風家自公之晩年再拜就弟子列也而我甘泉先師嘉其志義遂推爲西樵羅浮

南岳新泉館長也而我同門讓其德既而率遠近長幼卑尊一遵先哲之矩度也而我同門服其行四時會友遠方雲集展明蘊奥而我同門莫不歛衽焉紀綱三孫之家事内和乖異外禦强侮不剛不柔迄以底定雖當道且惑於讒賊謂湛氏家財半入已囊公笑談處之迄以無訛我同門莫敢望也嗚呼先師及門之士四千人獨稱北有涇野南有𨚗塘豈不以其宏毅忠信足以任重而致遠也哉嗚呼公其逝矣我同門失艮宗矣碧玉煙霞一脉將誰續矣會奠陳詞以告永哀匪曰一家之私一同門之悲一時之痛而已也公靈不昧庶其鑒之

弼塘先生窀穸奠文

嗚呼山之清君子佳城水之秀吉祉彌茂海之遠雲礽繁衍天之長受祿無疆嗚呼山之高鴻羽鳳毛水之深龍現蛟沉海之涵濊澤二南天之幬后生有造嗚呼山之靜仁者中正水之動隨時妙用海之潤襟懷灑脫天之空萬象皆融嗚呼山之松永企高風水之草采是蘋藻海之晏雲谷清薦天之秋哀恨悠悠

祭告攺奇堪水口疏

洪維邃古之聖緯地經天爰有安世之謨辨方正位審陰陽之向背以奠民居相流泉之止歸用建邦社是以有生

之類咸蒙永賴之休惟我深村堡自　洪武以來人樂昇
平俗敦淳厚家絃歌而戶詩誦周祜滋隆士文藝而農耕
桑唐風樸茂甲科鰲占膴仕蟬聯居有積倉商盈資載是
誠　皇后之布德抑亦吉壤之鍾靈遠山起自西南幾穿
平地近祉屹立王春三度大江金水平巒形勢寬衍　元
夾澗氣脉冲和惟百一之未全實水口之頗順今我有衆
詢謀僉同鳩工聚財卜吉舉事擇今十三日辰巳時告于
神祇塞企勘之舊流開低邊之新水逆上登洲之海直溯
蓬萊横通峴滘之沙遥迎滄海洋洋萬頃隨月晷以消盈
曲曲九灣順天星而布護其卜日也天德日德歲月德諸

吉併臨其選時也災殺刼殺土皇殺一齊廻避其行水也由巽由丙由丁三陽總協其合山也配辛配艮配兌六秀永禎休嘉洊來自今伊始前朱雀后元武左青龍右白虎護元氣於中央火爲祿土爲財水爲秀木爲文布太和於合堡深村潘村鄱陽村以及東邊西華南鎮北社三戶等村村村吉慶何姓陳姓歐陽姓至於東郭西門南宮北宮百家等姓姓姓安昌宜室宜家夫和婦順螽斯之繁祉攸集乃文乃武子續孫繩鳳凰之休禎斯隆壽比長江歲歲年年不斷財如潮水朝朝夕夕時來仰仗明神俯垂淸鑒錫兹百福保我鳩功人人同心濟濟畢力貧者出身富者

出食簞食浹於田疇男子供役女子供茶壺槳載於道路務見星而趨事期不日以告成聳福澤於四畍貽休光於百世

奠次瀾何親家

吁嗟乎瀾之長春水汪洋時爲公之祉德厚流光吁嗟乎瀾之深綠淨碧沉時爲公之質式玉式金吁嗟乎瀾之清雪浪秋聲時爲公之才俊雅天成吁嗟乎瀾之漪流派瀰瀰時爲公之子瓜瓞螽斯嗚呼介祉胡不久處美質清才忽如朝露五十二年隙駒電鞭百未有緒一疾奄然三子稍學未露頭角少子伶仃衣單被薄吾不知其所終也泣

涕零落嗚呼傷哉惟都憲公之厚德其流未艾公之淸才其成未大嗟后之人必有浚其源而衍其派者九原之下或藉此以毋介介也念載交遊百年姻好詩篇盈笥久要在抱聞訃驚惻言不能道薄奠陳辭增其痛悼公乎來歆生芻澗藻

奠何古林老先生

五嶺以南古稱明都入我　皇朝文教誕敷皜皜江門灑落光霽泉師嗣之喧赫奕世於維古翁踵武前脩操存愼獨舉此德輶爰自巍科讀書中秘出涖烏臺從容和毅蕩蕩闓服億萬儀民開倉普賑先發後聞權姦簸弄白簡彈

之天威赫震甘蹈如飴歸山養靜二十餘秋粵江吟弄樵
嶺優游　聖朝眷德爰起司馬中丞冢宰秩宗白下兆足
以行四方拭目又以直道反于初服惟公之志彌老彌厲
居安樂玩乾行川逝惟公之學知崇禮卑良知天理一以
貫之惟公厚養醇粹雍容前輩風流后生適從惟公大成
望八斯年開來繼往以背以肩天下望公斯文宗主吾鄉
望公狂瀾砥柱咸謂平格天壽未期胡爲一疾遽爾騎箕
嗚呼傷哉瑕也晚生辱愛不淺詩社琴尊追陪游衍耳提
面命鞭駑策蹇每恨疎庸多孤裁蒻方期早晚日侍德輝
洗心學易共造元微庶幾桑榆㑹戈戟揮胡爲一報遽聞

大歸嗚呼南昌之陽天山之堂風月煌煌孰其主張余斯來斯潔酒焚香再拜陳詞涕泗浪浪斯文之痛地久天長豈曰姻婭悼亡之常鄉里衣冠衰謝之傷而已惟靈不昧鑒此肅將

同會祭古林何老先生

嗚呼天山之堂菊秀蘭芳偕我友生嘯歌徜徉嗚呼粤秀之巔春樹晴煙偕我友生長賦短篇嗚呼珠海之濱江清石磷偕我友生盃酒逡巡嗚呼鰲峰之宮夜磬晨鐘偕我友生詩易研窮嗚呼南昌之庭花發鳥嚶偕我友生游心高明嗚呼桂華之嶺山高水迴偕我友生同仁合併胡爲

乎天不憖遺蘭菊凋零烟樹泠泠吾安所服德馨胡爲乎星隕彤庭江枯石獘鐘磬無聲吾安所取儀刑胡爲乎夜堂遽扃花鳥伶仃水落山傾吾安所以爲式矜嗚呼千古德風百年交誼何斯酹斯言不盡意束芻淡酒白紙真香涕泗淋浪神其格將

祭何古林公窀穸

嗚呼永傷哲人云亡海岳無光斯文孰其主張嗚呼永傷哲人歸藏水綠山蒼丹旐煌煌嗚呼不永傷　帝祉斯皇曰建爾幽堂錫爾圭章使臣赫將九京賁其芬芳嗚呼不永傷名山秀壤日吉晨良定爾子孫于地下奕世其昌至

日初長惠風洋洋執紼先行陟彼高岡送公于襄殷斯勤

斯匪酒伊漿嗚呼永傷

會奠鍾穗坡太僕

惟公飽學壯年有聲展其文章達于帝京授任建安多士

式矜桃李既華迺陟專城一陟崇仁再陟景寧九載考績

晉秩冏丞獨行踽踽高標誰似棄官而歸初服安處詩書

典墳捜尋舊緒珠海天山招朋喚侶藹其春風後生承式

謂將百年天壽平格胡然一疾遽歸冥寞北風凄凄吹此

靈幕稚子何依遺書零落豈不傷哉瑕等年誼親情詩朋

社友古寺論心春街携手弄月吟風投壺命酒彌老彌親

要期永久何斯來斯香燈縹杳寂寂春山交交啼鳥而我
同聲音容孔渺嗟嗟我衷中心悄悄眞香白紙牲醴匪多
公靈不昧鑒此束芻

奉安文昌閣魁星文

昊天上帝臨下有赫赫赫明明求我懿德維北有斗監觀
四方凡今之人不敢怠遑維予小子邦人諸友兄弟甥舅
小大稽首春日載陽聿來胥宇先民有作西南其戶四月
維夏約之閣閣對越在天此維與宅爲此春酒獻羔祭韭
無敢戲豫在帝左右以享以祀鐘鼓喤喤神之格思爲龍
爲光假以溢我以保我後生續古之人學有緝熙于光明

各奏爾能出言有章媚于天子金玉其相倬彼雲漢邦家之光嗚呼我其夙夜畏天之威庶幾有臧

霍勉齋集卷之二十一

南海霍與瑕著

十三世孫有光世光重梓

十二世孫進芳校字

呈狀說傳跋

請薦舉尊師甘泉先生配祀呈

廣州府儒學等學生員某某等呈乞表彰眞儒配祀廟庭事近蒙

聖天子俯採輿議以當代名儒薛文清先生陳白沙先生胡居仁先生王文成先生陪享孔夫子廟庭俎豆增光

章縫胥慶後學永有瞻依誠曠世之盛典也惟我本府增城縣原任南京兵部尚書謚文簡甘泉湛先生年二十七舉于秋闈旣而從白沙先生遊篤志聖賢沉潛恭默其爲學也以自然爲宗以渾淪中正爲極以隨處體認天理爲要以勿忘勿助爲功其詣極也德彌盛而禮彌卑位彌尊而心彌下神游造物之表而啓廸後學之念彌篤行已底於安安而恭儉之意彌謹足不攝而重手不持而恭容不矜而莊動不畏而愼九十五年如一日眞儒者之大成也其發軔也初見楓山章先生卽欣然納交東白張先生場屋中見其文曰眞儒復出矣與

陽明王先生論仁者與天地萬物一體歎曰二十年求友于天下未見此人是學求自得者遂與之定交焉與渭厓霍先生同居樵山渭厓曰是以孔孟絶學自期待者盡遣諸子從遊焉其達而兼善也在編修則掄才春闈多得國士在太學則申明監規以二業合一爲教在禮侍則屢進讜謨在南部則理參贊嚴約束勤講武課農桑置漏澤園配倡尼德政沛然也其上而格君也戒逸遊有疏奏

俞旨這本所言豫戒逸遊召問大臣擇内臣老成忠厚的給侍朕知道了進格物通有疏奏

俞旨這所編集足見用心朕已留覽進天德王道第一疏奉　俞旨覽奏足見忠愛中明天德王道之要再疏奉　俞旨覽奏足見純正有本之學上君臣同遊疏奉　俞旨覽奏足見忠愛進無逸講章奉　俞旨覽奏具見忠愛至於請收歛精神疏内云籩豆之事請付有司雖奉旨爾既欲朕收歛精神便不煩擾後進演雅樂疏則又奉俞旨覽奏具見忠愛進古文小學疏則奉　俞旨所進小學足見忠愛書留覽進瑞鹿賦疏奉　俞旨覽奏足見忠愛是皆先生至誠之所孚格也交阯莫登庸篡逆進治權論尤爲　聖天子所注信惜主安南事者操失其

柄忽公鴻謨遂貽後日之變　聖上深以爲憾今兵部職方司尚有原旨此事本不難見爾每既無肯任者姑聽云是先生始終見信於英主也其作人也道德尊崇四方風動相從之士四千餘徒所至同襄飧如家人父子在鄉則有甘泉獨岡蓮洞館穀在增城龍門有明誠龍潭館穀在羊城則有天關小禺館穀在南海有大科雲谷館穀在羅浮有朱明天華館穀在曲江英德有帽峯靈泉館穀南都則有新泉同人館穀在溧陽揚州池州皆有甘泉行窩中華館穀在徽在福則有福山斗山館穀有王湛會講館穀在湖南則有紫雲館穀興起斯

文汲引後學無日以怠而其精神之運用風聲之鼓舞
威儀之動盪意氣之流通無有智愚高下皆覿德而心
醉覩容而誠服聞言而信從上焉者遵隨處體認天理
之訓卓然爲世聞儒無算也其繼往開來也有心性圖
說有四書訓測有古本小學有春秋正傳有二禮經傳
有古易經傳有尚書問答有詩經釐正有節定儀禮燕
射有遵道錄有楊子折衷有樵語雍語有明倫新論有
非老子有新泉問辨有聖學格物通有天關問答有四
勿總箴有息存自然察倫等書行于世皆崇正黜邪羽
翼六籍天下縉紳之家多有之蓋彬彬然盛矣某等晚

生末學不能深知前哲之底裏惟當世碩德鉅公所推尊欽服殆可取信如吉水羅念菴公之言曰先生純粹中正之學非偏内偏外分析支離者其灑落似濂溪其温雅似明道其氣魄似紫陽其自得似白沙以下諸儒非可得而倫也又曰先生之學上接堯舜精一執中之傳明天理之本然救人心於既死其功不在抑洪水闢楊墨下婺源游讓溪公曰親受白沙之傳而微者益著與陽明公同垂希聖之方而學者益臻開州王端溪公曰先生以身心之學發而爲正大光明之業溥而爲成已成物之化以體認天理爲入道之方以勿忘勿助爲

用功之要以繼往開來爲歸宿之門倡道百粤而士之私淑感發興起者幾遍八荒揚州李石麓公曰先生學無奇絶徑頓之說而不敢一言一行自別於古先聖人成法是夫子好古敏求之心也婺源洪覺山公曰先生德宇天定克養性成根心生色金玉瑩然不問賢愚貴賤一見如故春陽時雨隨地發生白日明星四方起仰又曰凡所註述考証古人立言之意使之得所若老子慈湖非無格言而非且折之葢先生承接孔孟正脉主於衛道一字固不可苟耳太和平川郭公曰先生之學與天地萬物渾然一體不可以内外動靜判者卽其所

至信所謂安且成矣永豐呂巾石公曰先生之學天德王道之學也合天人通物我隱而不墮於禪顯而不雜於霸由先生之道則聖可學道可造禮樂可興而雍熙太和之治可致也其他名公鉅卿或推尊於生前或贊揚於身後不可殫述夫以先生之道德如彼當世之所欽服如此屈指三千餘年殆爲萬一僅見伏祈　俯察公論特薦于　朝俾配享　夫子廟庭庶幾醇儒赫奕正道昭明心佛老而誣聖經者不得混其眞借聖經以文佛老者無以售其僞後學矜式世教攸裨天下幸甚萬世幸甚謹呈

說

自尋說　乙亥

東湖謝子侍坐於天關，趨而問甘泉湛先生曰：「錫命聞人有真體，真體常存不滅，敢問錫命真體安在？」惟師示之。甘泉先生曰：「我安得知爾，可自尋。」東湖退，語冢山子曰：「錫命不知，迺問於師，師不我告，使我自尋，我若能尋，何復問也？」冢山子拊掌大笑曰：「妙哉妙哉！」東湖憮然曰：「何謂也？」冢山子曰：「吾師之告子至矣。」東湖趨而語勉齋，勉齋曰：「夫所謂自尋者，尋自我者也，自真自尋，自尋自體，知自尋則知真體矣。人惟不尋，故有終其身而不察者，苟一日尋之，一日而在終身尋之則所謂自强不息自明而自誠者是故自卽眞也尋卽體也自外無眞尋外無體尋卽眞也自卽體也尋外無眞自外無體是故眞卽自也體卽尋也眞外無自體外無尋體卽自也眞卽尋也體外無自眞外無尋是故自者尋之體尋者自之眞眞者體之一體者眞之全一眞則無在而無不在矣全體則無爲而無不爲矣無在無爲無存無臧勉哉東湖願與子尋之也

此甲寅居天關時語也迄今二十二年迺未秉筆惟玆盛夏放舟於十八灘中大水茫茫獨行無侶念歲月之徂征歎師友之零落感年華之逾暮恐微言之易

湮追憶往談漫紀於此若夫先師奧旨瑕得面承者立雪念年不能縷述亦佩默成之訓不敢多言也嗚呼哲人愈遠大義漸乖凡我同心共尋墜緒

舜棄天下猶敝蹝說

丁卯十月余晨行玉山道中輿人旣納草屨矣復腰二隻以從行不兩時左屨踵裂棄之而易其一比午右屨鼻斷又棄之而易其一余默自念曰舜視棄天下固如此其易耶日將暮未至城視道左有茅廬問之曰酒店也曰何爲無人守視曰夜歸城市詰朝復來曰不畏惡人火爇耶曰山間有虎暮夜不歸將憂虎害草廬値不百錢耳豈可以

易性命余忽自悟曰舜視棄天下固加此其易也堯之爲帝也土階三尺茅茨不剪以憂天下凡七十年旣其老也不勝勤苦乃舉舜自代方舜受終文祖之時所居者堯之茅茨所用者歷山陶瓦傚器竹筯數枚後稍欲作漆器羣臣諫而止之彼其視路傍草舍高下不能以寸一旦委而棄之又安有介其心胷者哉或曰然則書稱奄有四海九州錫貢者何也曰是皆聖人不以易其性命者也

月之從星則以風雨說

隆慶三年己巳六月滁州旱州官禱雨于栢子潭故事大旱則太僕卿丞行香于潭側里老來白余曰夜觀天象太

陰犯畢乃不憂旱憂潦耳已而果雨水連月南自蘇松淮
揚北至河南山東皆大水漂沒民居壞城郭奏災乞賑半
天下九月十七丁亥之夜戊子之朝余四鼓起視月明如
晝去月東二尺許一大星月北二丈則五車也余念五車
南惟畢有大星月居其西是又入畢矣次晨以告殷克齋
胡后林二公且曰節氣已交十月北方安得雨水是必江
廣地面當此咎徵然亥子日又似齊衛之分不專在南試
下之不踰旬滁陽仍連日夜雨天象高廣恐不但應在淮
揚今歲夏秋陰沴既甚若江南江北更有疊至之災民將
無以爲生詩有之月罹于畢俾滂沱矣周室之東王綱解

紐君失其柄上下姑息因循日蠱日壞是風雷弗振太陽之光弗耀故陰雨爲害豕涉洪波詩人之詠蓋傷之也言豕且無乾土民物可知也

傳

林蓋傳 癸亥予明農西樵山中戲作

林氏之先祖佐神農王天下以功封於宏農帝舜受禪舉稷治后土之政稷求宏農之族於伯與氏得其良而任使之遂以奏功周道之隆其子孫咸柄用頌歌於淸廟與振鷺有客比肩周衰乃降列于齊民春秋時有林丈人者與沮溺共事孔子適楚樊遲往要之曰見吾夫子丈人曰子

居洙泗之上余處畎畆之中其脩先王之教一也人各有志何見苦之爲樊遲以告孔子曰太古之逸民也樸斵既成未塗丹雘遂去之益丈人五世孫也初生秦始皇時其母過詹尹氏筮之卦成尹驚起曰異哉風雷交作民悅無疆天施地生其益無方天下有道將出而佐明王下土時闕民用阜康奕世其滋昌幸善自愛也因以益名之益少長性樸素不事文飾專以稼穡艱難之務身先鄉里秦末遭天下大亂與高帝仲兄游豐沛閒仲没隨蕭何入關多勤苦何數言之帝帝曰乃翁用三尺劍定天下烏用是木質者爲哉何曰是外若鈍中實便給且陛下困鞏洛時臣

居關中佐百姓給餽餉非此人無與共事者勞績著甚帝
終不見親任孝文即位詔舉孝弟力田之士盎稍進用天
子躬耕籍田下議攷古禮儀時天下初定張蒼巳物故自
叔孫通以下無知者公卿列侯皆推讓盎盎獨前對帝遂
專任用盎禮成帝執盎手慰勞曰微卿吾事幾不辦拜搜
粟都尉令其子弟出入得乘牛車以旌異之盎愈勤事朝
夕申畫疆土春秋躬巡田畝爲天子勸農相民民便安之
積以餽給后元末天子出郊盎率其徒屬遍乘牛車數十
萬乘迎于郊外立泥淖中行列甚整千里相望帝驚嘆曰
嗟乎使我阜成民物式轂四海者非都尉耶進爵富民侯

富民侯既尊貴乃愈自卑下不敢親近王公大人而恒與隱逸布素爲執友雖遇至賤必望塵鞠躬俯首至地侯扶乃起以此得保功名善終晚年病齵齒告老歸宏農其子孫遍天下及於三吳百粵五嶺之外最爲繁多皆能世其祖業卒如詹尹之卜云

逸史氏曰世稱司馬遷博極羣書自羲黄而下悉入纂錄豈不踈濶者哉余入甫田深山中得古碑記載林氏世系自神農至三代歷歷可考今遷之言曰林氏自周武封比干後始得姓不知古稱萬姓抑何以加焉葢生大亂之后能纘述祖功卒以顯耀當時流聲

永世可不謂杰然之士余故表而出之以俟后之博雅君子云

鳩居傳

鳩居子姓楊名淡世居慈谿后湖之濱楊慈湖裔孫也性狷潔一介不以取諸人雖備員儒學每自種蔬拾柴易粟而食之作屋不召匠以曲薪枝柱蔭茅而處其中曰鵲巧鳩拙吾類鳩者故自號鳩居子云嘉靖庚申余官慈谿居半歲儒學祭丁先丁二日習儀于明倫堂禮畢諸生進揖班中一老儒破衣敝巾肘見袖間趾出屨下昂然前曰我楊淡也平生不謁縣官縣官亦少當意者今觀公頗可與

語袖中出一卷凡十數篇曰請留神其中非特山縣之福他日當以古道易天下諸士駭聞其言爭前旅觀其第二篇言慈谿儒生八百名員數太冗優免丁差偏累細民乞申請淸汰但留二三百名其第三篇言近日士子皆讀腐爛文字雷同蹈襲無益實學請一洗流弊從身心本領用功時諸士有笑罵者余恐衆將拳擊之急語曰秀才不達時務所言多不中理當付之丙丁秀才休矣鳩居出梟素諒其狂且以爲余旣慢斥之故不深怒也次日余使人召之不來矣遍閱諸策皆言正風俗恤里甲均徭役省繁費練民兵除奸宄之事多可見之施行也又二年余被論落

職里老趨臺省保留推作呈者鳩居袖出一冊曰霍公徵政錄迺兩歲間覘余所行事有可其意者輒書之諸父老欣然以呈于當道鳩居獨自計曰事由部院非此間可白我當走京師直之造縣告給路引余語曰採薪畦蔬足以自樂何苦而遠出之爲焚其告詞余至杭後二日鳩居亦至曰公不與我路引我今得之矣此行當先至南都次至北都固不必事之濟否但以盡我此心歸當往江右訪羅念菴先生與上下其議論有餘生乃返家因披示其裏儆衲曰此來時老妻手授曰恐寒汝憶緣此一念不然我雲游方外不歸矣余悽然仍固止之鳩居曰各行其志毋相

阻也至京師投奏狀次日謁袁元峰閣老元峰大罵曰何爲預此間事然素重鳩居名且憐其貧寒遺之布粟鳩居亦慢罵麾擲街衢中忍饑歸至淮安遂寒餓以死有王揚者同行殯之清江寺中次年余聞爲位望哀哭之托慈之陳文誼爲賻歸其喪焉同時有袁垣者卧病聞鳩居北上扶往語曰我當隨行足疾不能遠涉命兩兒掖鳩居自俯伏曰必受我拜垣亦貧無以爲贈乃强取其妻首飾付鳩居鳩居不能却陽受之而陰還其妻隆慶元年余被命補官鄣邑道經慈谿而二老無存者矣二老者皆余官慈時足不及公庭者也爲之傳

花腰蜂傳

花腰蜂者賊首伍端也智勇絶倫爲羣盜所推服嘉靖四十年間寇掠惠潮屬邑叅將王詔禦之輒敗凡數年亡失甚多軍民苦之然端每以失身草澤爲恨常懷歸順意四十二年總兵俞大猷以恩信招之端欣然來降造總兵府解甲而入俞諭曰凡投降者皆披甲露刃多帶爪牙自衛爾何輕身如此端曰小人自恨流落每欲以死自贖今聞公仁人是以委命如其殺我是今日乃我死日也倘幸哀憐而收用之終當以此軀報公耳俞惻然撫之就令領所降卒五百人爲先鋒時新舊倭寇合二萬餘在潮惠間勢

猖狂甚將士觀望不前端率其麾下一戰敗之再戰焚之一二月蕩滌殆盡事具自湖奏議中然諸將多分其功以蒙陞賞端僅得薄祿授軍職王詔深恨忌之客請自湖公曰用端擊倭倭除而端在如虎驅狼狼斃而虎翼也自湖公曰是委身投我且功甚多去之不祥姑竢之詔乃與端身相結好日椎牛釃酒享端士卒約與端爲婚姻端不疑也端既受職遵軍門約束士卒憚之毋敢犯法詔乃使所親縱反間於其營曰花腰蜂與爾輩同爲盜賊今花腰蜂以爾輩力成功得官尊貴而爾輩作軍何不平也乃又以法繩爾輩更不復得如山間時擄掠姦淫之樂矣諸士卒

固有懷歸者聞此說一時解散宵奔山寨山寨故端妻娙居也黎明端知之單騎追逐詔乃使上急事軍門曰端反矣軍門以屬詔曰謹備之詔召端謂曰彼衆既叛汝汝豈可以孤身攖其毒來與汝卒五百往可成功端喜曰寘死生而肉骨也端既領卒五百詔潛使謂端叛兵曰王黍將所遣軍士非與端出力者但望風奔逃耳端叛兵乃揚旗反戈而鬬端大敗回見詔詔佯驚怒曰何無能至此辱吾軍矣不罰無以整軍法命縛而笞之端以爲笞無大罪歛手就縛縛畢命押赴市曹端乃知爲詔所賣大罵曰王詔爾若陣中能勝我獲我死且甘心今以計擒降者斬有功

非但我不服天道有知當不汝宥詔曰胡軍門有密旨遂斬之以報自湖自湖乃疏以爲功齎疏舍人至南贛山中爲虎所噬竟不達或曰軍門先召浙兵爲遊擊后以其不可用遣還浙兵憤憤遂間遇舍人遂殺之而掠其貨云

勉齋子曰余會自湖公言及伍端事稱其梟雄俊偉諸將中少見比倫一似惜其材而死者云太史公言罪莫大於殺降今既降之用之以收奇功復從而陷之死地納汚藏垢之量隘矣漢之衛青去病拔於牧豎唐之尉遲李佑起於寇敵英雄作事焉有深讐我皇祖有聖訓後之言足食足兵者其以信義爲念哉

其以信義爲念哉

跋

義倉記跋

余自嘉靖戊申歲别覺山尊師於西樵之煙霞洞至今二十多年音問疎絶耿耿之懷無時降也隆慶巳巳竊祿南太僕聞有婺源洪醴泉君者游學滁陽意其必知覺師起居使往訪焉乃從兄弟也延而問之言覺師近日貧病交侵殆無以爲家而師處之裕如也因出師所爲義倉敘一篇義倉記一篇余讀之則所爲作者碧泉戴君也戴君自少負奇氣每見古之施

粥救荒捐瘞澤骨散財谷以賙貧人者輒慨然曰嗟夫使我幸得多財當如此布德施惠矣年五十始有羸餘遂立義塾以訓蒙設義阡以揜𡋯造義舟以濟涉仍捐穀千石作義倉行之二年積置義田築室貯租以賙鄉之匱乏春散秋收咸有節度可以施之久遠鄉士大夫嘉與而樂道之是以覺山公敍之記之不一而足如此云余聞之不知其形視其影不知其人視其友余固未覿碧泉君狀貌乃覿覺山公所爲敍記一似見其爲人者碧泉君其古之所謂富而好禮者哉古者家惠不出於國陳氏厚施以得齊子路

以其私賙魯之餓夫子罪之故富者雖有餘財不散市德但止諸禮而止今之世則不然睦鄰里通有無賑貧乏之聖王之大制也每風天下厚積之家行焉而罕有應者碧泉君其豪傑之士乎今之所謂尚義古之所謂好禮者也

跋石君撫處地方書冊 乙亥

余每謂天下未嘗無才在人識拔任用何如耳不識不拔不任不用當其無事高官好爵惟依阿脂韋者之畀及其有事輒起乏之才之歎嗟夫此奇特之士所以湮沉於下位而生民多故也見泮石君爲潯州貴縣

典史又爲主簿前後十年撫處龍山五山九懷等處地方東西山峝凡數千里皆平日不知官府不納糧差慣行盜刼之猺獞也見洋撫而緝之者爲村凡數千爲戸凡數萬爲口凡十數萬勦而絶之者前後大功凡數十上首級凡數千顆是以地方弭寧南濤利賴上下交與民夷歸心撫按薦之　天朝銓曹入爲京尹嗟夫此固十年之任用一級之識拔而未足以盡報見洋之功烈也余分巡左江道時深知見洋行事以其所設施布置非但苟一時之安迺可以永靖邊鄙因移文該縣刋刻成書布之境内欲后之官西

土者知懷柔操縱之大方也今年余至都下見洋來謁詢得是書事頗詳其大體斆端乃未發揮要之皆自平易近民中出也子有之斯民也三代之所以直道而行也后之爲邊邑者其深念民之可以德意綏來也哉又曰當其時推誠任用主簿從善如流者縣尹吳敬夫也才亦相上下使此兩人者得以功次首級叙勳則國家豈有乏材之歎哉

霍勉齋集卷之二十二

南海霍與瑕著

十三世孫有光重梓

世光

十二世孫進芳校字

碑銘

劉氏脩復始祖秘書郎墓碑銘

勉齋子兩官寧波屬邑於寧波人士情義既好又頗曉堪輿之説凡城市鄉落下及窮陬任宅方位垳壠臧否多與辨正暇隨西川掵隅重菴平江諸公遨遊午㟂白龍諸劉之祖壠一一爲察形審脉每曰無大異何子孫之多且賢

且貴且顯也西川公曰我劉之有姓也自陶唐之裔受封于劉始也我劉之宅于寧波也自宋建隆間始祖翊來爲鄞尹始也勉齋子曰若是其遠也詩有之緜緜瓜瓞重菴公曰我始祖翊仕宋以秘書郎來宰鄞縣有惠政卒于官貧不能歸葬于鄞之西南桃源鄉子孫因家焉誌譜實存勉齋子曰若是其介也詩有之靖恭爾位平江公曰我祖之尹于鄞也樹德滋隆以錫祜于我后之人自宋祖元入我大明子孫熾蕃分處于鄞慈定海迄今二十世仕于宋者若干人以德業顯者五六人仕于大明者若干人以宦業文章顯者數十人是咸憑藉我祖秘書郎之遺休勉齋

子曰若是其慶也詩有之克昌厥后抑隅公曰我祖之塋於桃源鄉也歷世久長屢遭兵火我子孫之散處者日疎其依墳壠者日削寖微寖墜遂失兆基自四五十年以來伯父伯兄仲叔季弟聚話斯艱莫不涕零歔恨曰何木無根何水無源獨我始祖斷喪墓祀于我子孫間踪跡之稍知端緒而地據于土之豪既平既治人莫誰何歲嘉靖壬寅我族屬乃糾衆訴于當道時則雲間沈公來爲寧波太守太守故已廉知其狀因親詣西鄉集父老訊之父老畏土豪咸支吾其說持兩端一嫗年九十餘耄不曉炎涼態獨前對細指曰某坵劉家墳也某所有斷碑某所有墓石

數百年物近不知何去也土豪出不意愓然帖伏事乃白而世隆廷儀等始得修墓從此歲時展省遠族皆來廷儀復置業其傍用拓基址迄今木拱水環鬱然森秀識地理者過之謂吉壤云勉齋子喟然曰若是其幸也詩有之無念爾祖瑕聞天之福祐善人也其德厚者其流遠乃不在目前一兩世間地之於人也亦然其脉厚者其發愈遲蓋壽固有取必於十數世后者劉氏之慶自秘書郎積之則劉氏之址自桃源鄉種之無疑也人之自修也亦然自壯至老躬修孝弟忠信兢業靡懈乃有葢棺而事尚紛紛者直至百十年后而天始定故凡淺中促度計榮枯報應於

旦夕間者皆不深於蒼蒼之事者也劉氏之賢之多桃源之墓之復是秘書郎之天之愈久愈定也余觀其事因念世之以好脩責報者慨焉爲表而銘之銘曰

奕奕者劉椒聊繁衍既衍且脩明德丕顯家學淵淵王臣蹇蹇遡流尋源六百斯年維秘書郎有開厥先尹兹東土爲時召父濬清瀾漪脩飲飛宇惠則春雲清則秋水是卒于官不克歸處民亦懷止蒫公西鄉子孫是依愈引愈長歷世彌多散處他方峩峩墓道鞠生茂草歲歲清明莫或展掃近墓之豪竊據爲囿斷石古碑消磨無有劉之孫子譜誌孔明永言追孝剪棘披荆于以求

之求之不得迺訴于官載訴載抑太守洗公出按邱封訊衆默默靡知適從有老婦人來自田中瑱瑱便便指西畫東百年廢址了然弗懵衆乃大休埱歸于劉以享以祀以垣以邱以松以楸孔幹孔脩林木之稠溪水之悠鞏是吉藏吉祉優游我有公言識遂老馬劉之子孫或後死者曷卜其傍或在其下買業陪藏以篤斯祜兹非余謀古有丕謨合族同墳世澤不孤子子孫孫永無後虞劉氏雲礽是究是圖

莫衍溪隱君碑銘

余年十許時聞先尚書文敏公談及鄉里隱逸高人必曰

沙滘陳公贊道滘張虛齋平洲莫衍溪皆行誼可式邦族
者遂與三家結四門親云自是以來余知衍溪公四十年
矣公之子莫諾郎三家叔之婿余姊夫也萬歷元年會莚
家叔于東門之都稔岡與余同榻數宵細話平生及於先
世行事因悵然曰先人辭世迄今二十年且歸土矣墓之
有碑古之制也公盍爲我作之以傳于永世次日以行狀
來請余辭之不獲也按狀公諱倢字信夫號衍溪其先某
鄉人始祖某徙居平洲遂爲平洲世家祖蘭軒公實大莫
之宗云考東山公愈宏堂構以宏治巳酉生衍溪衍溪稍
長即代東山公經理家事是不暇肆力於學而剛直性成

遇事有難決者據義裁之不阻不撓必得其平而后已鄉人多就正是非退無有后言者有良民四人爲盜所指誣幾死非命公毅然爲之辨白四命遂得更生人以是益敬重之嘉靖初年廣郡行堡伍法衆舉公爲堡長法行盜賊𧉮敢發發無不覺覺隨就捕大爲當道所奬賞有盜數人欲刼公之隣恐驚公爲之中止后獲盜備知其事公曰不意此盜亦有人心者葢彼未爲盜時公曾救其他事今乃報恩云公生平愛重儒流設家塾延師傅以教子弟族里有欲從游者無不接納尤好施予賙貧乏捐塟地出錢貨以舉貧人之喪此其行義灼灼彰著人耳目者也晚年詩

酒自娛優游園池閒扁歇汗之軒構慕蘭之亭花卉柾其左右活水繞其前后艮辰美景嘉客是來自謂葛天桃源不是過也黃石屏給事稱之曰靜定有養寬裕有度沉敏有本濟施有仁可以匹休古之隱君子葢實錄云公自巳酉生年至嘉靖甲寅卒年凡六十六年自甲寅卒年至今甲戌又二十一年自某年葢本鄉之亭子岡至今又若干年余乃得記其大畧如此嗟夫世遠事湮公之可式鄉里者不止此若更泯没不傳前輩幽光寖微寖滅是彰往勸來之道不宣后何徵焉公先娶張槎陳氏生子二人繼娶本鄉陳氏生子三人長諒生員次諾次詡次謬次譁皆守

禮向學能世世其祖業而大之者也銘曰

倐倐衍溪宋之逋誰傳其神黃門大夫振振衍溪漢之徐誰下其榻文敏尚書侃侃衍溪好正直保我鄉族人其取式恂恂衍溪好施與賙貧恤乏澤及閭里

譚知府旗峯公墓表銘

天下當有道時士尚實行不汲汲於聲名雖時有沉謀密畫以樹豐功跋涉艱難以濟黔首亦曰吾職分宜然未嘗記錄以詔后之人嗟夫此其蓄積豈尋常所得而測度者哉吾觀於鄉而知前輩之不可及也譚旗峯公名儲字積德世居南海之平洲少入府庠中正德二年丁卯鄉試授

吉安府通判陞南京中軍都督府經歷轉宗人府經歷陞德安府知府致仕嘉靖甲子年七月終于家享年八十有七歲公前後歷官居鄉所行事大抵醇朴質雅不入時套當於太古獨行中求之今表其大者凡居官稍有惠政異蹟必暴於人人或求名家紀載文字中以垂不朽此世情也公在吉安時受王陽明指畫從征統兩有功受委量田夜宿田中不入民家檢封寧藩寶藏府庫秋毫不染放活被擄人數百口斯可謂惠政異蹟矣乃絶口不與人言人固不得而表揚之也陽明擒寧賊尚有珠簾寶玉之謗公身封府庫乃無疵議其所孚信何如哉凡居鄉稍有田園

財産者必爲華麗以自適此世情也公平生不治垣屋每早起躬携鋤畚以業農圃衣惟布素飲食淡薄雖腰金葢黄不異農夫野人也凡居鄉當路有相識者必通謁往來邇其赫焰此世情也公自致政歸絶跡公門非但府縣藩臬不相見有徐侍御者仕途時知公特枉顧公公閉門不出也其段干木之儔歟世有皇皇投刺司府汗顔赧顔以苟錙銖者視公可愧死矣勉齋子曰陽明講學江西從者雲集多有蠅驥之心焉公在屬下趾不及門此何見也湛甘泉先師倡道西樵九十五年公居密邇隻字不通又何見也先君文敏由少宰至宫保没時會葬者二千餘人公

隔鄉也生不面没不弔抑又何也公於聲名之際眞無點
其胸中者矣古所謂獨行之士非歟老子曰有道之世雞
犬之聲相聞民至老死不相往來其公之謂歟公之生卒
族姓子女壟日狀既詳悉兹不贅述銘曰
於呼旗峯古之人於呼旗峯太古之人

麗𢋷唐先生墓誌銘

癸未正月二十二日𢋷唐麗先生卒鄉之人哭于巷及門
之士哭于精舍同門之士以暨後輩會哭于西樵之雲谷
既而四方之來弔者相踵也嗚呼至德之所感深矣又三
月公之冢子一夔自蒼梧入覲歸以同知劉君漢所撰行

狀走予曰維兹八月之吉將奉先子歸藏于樵之祥雲峯永即宜竇矣敢以誌屬與瑕子曰瑕之不能趣師之教誨也多年矣恐不足以發揮哲人之底裏雖然其安敢辭按狀先生生于正德丁卯六月二十日未時年二十克府學生二十八歲中式鄉試第十三名時嘉靖甲午也又十年甲辰謁選授應天府通判陟治中陟南京刑部郎中丙辰陟雲南曲靖軍民府知府巳未年五十三考察以年老致仕鄉居又二十五年爲今癸未享年七十有七歲先生之自爲弟子員也有鄉約之行社學之建族譜之修其志可知也先生之舉于鄉也時五經三禮巳淹貫矣乙未之春

先子文敏公延爲瑕兄弟師館于玉河其尊重可知也后
傳經于羊城于羅浮從者雲集發解奪魁登甲科者踵相
接也先生之官應天也行救荒之政以粟米活者六萬七
千人以綏戢復業者十萬七千人其陰功可知也他如清
戶籍平徭役築壚岸墾荒田興學校脩貢院新倉廒定收
支抑豪横理寃獄諸所設施備極纖悉風清弊絶法可垂
諸久遠其精神運用可知也先生之爲刑曹也刋律例刻
獄制脩部誌凡皆宏遠之謨非但一時一事之流澤而已
至於執法不撓平反大辟多爲達官所忌其獨立可知也
先生之守雲南也以簡嚴革近習之弊以平易通土夷之

情設木鐸以教民之父兄擇社師以訓民之子弟聯保甲以弭民之盜賊歌詩以導民志習禮以正民行譯字同文以啓民愚夷俗爲之稍變焉斟酌驛傳疏濬滇池尤爲百年利賴其經綸可知也先生之歸也講學於羅浮舊館先師甘泉翁與語曰吾老友也先生曰數十年不及泉翁之門幾虛此生乃北面執弟子禮而泉翁遂推爲諸院館長每稱及門之士北有仲木南有振卿其忠信篤敬相似云泉翁之没也先生經紀其家事内和諸孤外禦强侮遭讒被謗多人所不堪者先生若罔聞知迄以底定嗚呼難矣先生自奉也儉教人也勤行已也朴與人也信周親也厚

處鄉也和待橫逆也以不爭止謗也以無辨受人之詐也以不逆至誠流通久而背得嗚呼純矣泉翁之沒也憫微言之旣絶慨大義之將乖會講于天關于西樵于韶揚于紫雲于新泉于萃和于天眞于石塘諄諄卒歲凡以續前脩之墜緒指后覺之坦途七十七年無日以息嗚呼偉矣先生學術淵源不可言傳其緒餘則文集載焉其本支流派則行狀備焉茲固未易詳也銘曰

大道悠悠先天地始放勳繼天肇脩人紀即天即人徹上徹下內外渾淪無有虛假周衰道裂鄒魯一之漢唐載蕪濂洛闢之考亭旣沒章句澌漓皜皜江門振是綱

維湛師嗣之含宏光大體合渾全用周法界先生晚年北面師門忠信篤敬多士推尊渺渺者軀展也大受不震不慴肩此宇宙五常百行魚躍鳶飛文章政事殊途同歸秋官黄堂隙駒掣電一念一生千古如見樵山萬仞哲人歸藏我其銘之有奕其光雲谷蒸嘗師弟同堂子孫守之嗣服不忘

梁洞山墓誌銘

洞山梁公者勸竹人也生三歲失母七歲喪父哀慕如成人事繼母惟謹比長奉祭祀脩墳墓盡心竭力父母忌日哀哭不食至耄不改其天性之篤有如此父北澗公好客

喜施以窘其家公弱冠爲賈布衣麤食不錦綺不粱肉五十而家用以豐其勤儉有如此親故之不能塟者塟之不能娶者娶之死而無棺者棺之出貸而不能償者多焚其券遇饑賑濟自府縣勸借之外加施倍蓰鄉里賴以存活嘉靖癸丑糴貴斗米至百三十錢公出粟已仍計早稻未收民尚缺食乃弁錢通衢中貸與貧人生理須臾而二十貫殆盡時隣鄉上下盜賊蜂起獨公鄉寂然安堵也其施惠之普有如此於客無所不接尤禮章縫之士延請塾師恭敬無比冠婚喪祭一依朱子家禮與物無忤在鄉黨中恂恂然鄉閭事無大小咸取正於公鄉閭罕訟以盜竊爲

恥有王彦方之風焉李子長者白沙先生高第弟子也過公鄉鄉人爭迎之拱手不應直詣公値公出登堂瞑坐竢公歸與語信宿乃别出謂人曰昔萬石君家不言而躬行今觀梁君殆近之矣郊縣吳寵聞公名聘請鄉飲榮以冠帶其感孚於上下有如此公生成化癸巳十一月十七日終於嘉靖辛酉十月初十日享年八十九歲娶安人朱氏生成化己亥九月二十九日終於隆慶戊辰正月十二日享年九十歲安人勤儉宜家家之成與有力焉公名能字景堯始祖義軒公宋末死勤王之難祠祀于鄉君子曰有后宜也子二人孫四人曾孫若干人公卒之年已葬于番

嵎之蓮湖金牛岡乾向之原今年冬始奉安入合葬孫伯鸞者西寧學生員也以湛恭先所爲公行狀來求誌於勉齋子勉齋子曰昔侍側於甘泉先生有請墓誌者先生辭之曰葬者藏也欲人之弗見也何以誌爲墓中之石記姓字世系可矣何以文爲乃觀先生間亦有作誌銘者或曰先生之言有爲也或其人不足誌而姑爲是辭之也或曰墓中之石不必文墓門之石或可銘於以闡幽而彰美於以紀往而詔來亦孝子之善經也據狀爲誌而銘之銘曰

古有彦方化及一鄉誰其似之洞山有光翛翛子長千仞鳳翔誰其來之洞山德芳巒巒金山歸藏其巔爰定

爾祉百千斯年

壽官石屏梁公偕配安人何氏墓碑銘

公諱琦字潔之號石屏先世自南雄珠璣巷遷南海之瀾石始祖諱起宗者宋進士任安慶府通判二世祖諱士元仕宋爲兵馬元帥自瀾石遷居石頭子孫從此繁衍焉士元生克明克明生廷舉廷舉石屏高祖也廷舉生壬得壬得生七品散官普寧普寧生理政理政石屏父也石屏公生成化甲午年八月二十八日亥時卒嘉靖丁未年七月初八日酉時享壽七十有四其子紹孔以萬歷戊子年正月初一日辰時奉公及安人何氏葬于本鄉祖隴之原以

其姪孫經魁梁礐所作行狀請余銘其墓公善狀不可悉
述述其大者其一曰自公之稺齡也不與羣兒戲自公之
稍長也行已理家咸有矩度自公之弱冠也惓惓欲建祠
以奉其先其夙有異質如此其二曰歲時之會以仁宗族
羞斂之助以仁死喪子弟之玩戲者戒之信巫覡者斥之
以仁鄉黨且以崇正而閑邪也其過人之識有如此其三
曰平生不與人較無一字入官門當里役不妄科一錢不
拘繫一人其寬洪樂易有如此其四曰公娶桂圃何氏
封御史時庵者公丈人也御史鐵峯公舅也倫狀元汪岡
解元右溪會元白山公親家也亞魁陳棐公婿也公自少

至老遨遊諸家恬淡自處胸次漠然一似未嘗有諸貴勢者先文敏尚書當其爲吏部時氣焰烜赫若佛山鐵炭若蒼梧木植若諸縣鹽鹺稍一啓口立致富羨公以同鄉交游三十年不染指啚老家業不長尺寸此豈但樂正牧仲葢幾希乎柴桑氏之流風矣先文敏亟稱之曰石屏平生不干余一帖可謂高致右溪公稱之曰每與石屏談論移日不及世紛令人不厭白山爲司成時欲薦其子入黌庠辭不就也嗟夫此足以表公之大矣公配何氏生成化甲午十月二十八日寅時卒嘉靖戊申二月初八日戌時享壽七十有五出自宦家孝敬勤儉多內助之政子紹孔娶

倫氏狀元公姪女也公女四人孫男四人長大中次大猷次大武次大成大武克南海廩膳生員孫女二人曾孫男學詩學謹學詵學易學書學麟學謣等元孫男志方等振振繩繩公之積慶未涯也銘曰

宏治正德鄉有會狀孰其婣婕儵焉淡蕩嘉靖中葉文敏赫奕孰其交游錙塵不蝕於維石屏卓其高踪詩酒自如浮雲太空藹藹吉人宜其家祉長幼卑尊無有違者余每謂公峭然特立庶幾柴桑芳流可挹又每謂公醇德性成庶幾太邱鄉里儀刑亦踽亦凉亦温亦良於維安人偕有義方克勤克儉維家之綱南向之藏幽宅

允臧子子孫孫式敬以昌

梁磐岡墓碑銘

梁磐岡者吾鄉隱君子也諱餘字伯堯生成化丙申五月二十二日巳時卒嘉靖丁巳正月十一日酉時壽八十有二磐岡之居面溪背石爲一鄉幽勝終身其中坐茂濯潔歌南山之詩賦衡門之章於以卒歲是磐岡之適也教子甚嚴耄耋不倦是以有子游泮水與鄉里親戚交游情義浹洽然見人有過輒面斥之事巳卽休是磐岡之行也布衣蔬食自奉甚薄而鄉隣有困乏者賙之不吝是磐岡之美也配陳氏陳東峯姪女也懿行益媲美焉子生員士舉

孫天賚等曾孫之嵩等元孫光宸等螽斯振振是磐岡裕
后之慶也天賚等增修幽宅念祖之德請予爲之銘銘曰
峩峩抱旗廣之屏碩人歸藏佳哉城宜爾子孫振繩繩
簪纓奕世福永禎

吳自湖公生祠碑

天之所以高地之所以下以人撑拄於其間也使人官弗
能物曲弗利則天地或幾乎毁矣廣州自陶唐氏申命羲
叔宅南交以來始通中國今山海經所謂鬱水注南海肄
水入番禺即此地也彼其時皆弁衣島居在禹貢荒服外
又二千年漢武帝始收恤而郡縣之南海番禺洲渚間三

城鼎立僅捍風潮耳嗟夫民生其間者豈不困苦艱難也哉入我大明乃合三城爲一而大之北包粵秀東盡水關囊括凡十許里二百年來民康物阜絃歌詩誦彬彬然移鄒魯於海濱矣城南門外東西亘六七里人煙輻輳貨賄山積葢會城繁華之所都也會城者闔省之根本而南門一帶者會城之郛郭郛郭不完則根本易搖識治體者懷隱憂焉易曰天險不可升也地險山川邱陵也王公設險以守其國大哉易也其先王撑拄天地之書乎嘉靖四十三年歳在甲子兵部侍郎吳自湖公來提督兩廣軍務當是之時海寇鯨吞山戎虎噬東西千里所在告急嶺海葢

岌岌矣公次第芟剪而草薙之其最彰彰灼人耳目者若平巨倭於潮惠縛叛卒於東洲走巢平於海陬清二源於遂嶺雷轟電奕旬月而氛祲全消何其偉也旣而謀及乃心謀及卿士謀及庶人自卿士以及庶人咸曰會省之生齒日繁而會省之城池如舊宏郛郭以固根本實今日第一義也公欣然曰先得我心迺鳩工聚財量地授任周圍九百餘丈併包百十萬家磚石派於各州力役出自附邑委之賢侯艮牧總以上宰明卿上下同心公私畢力不日而城工告完會省之人其出也不蔽而捍其入也不嶃而幪其農也不益而藏其商也不嘗而庫士女之蓬門陋巷

也户而不閉於是萬口懽然戴公之怙冒是生祠所爲建也初公之興城役也有議者曰四郊多壘大夫之辱公當掃清山海耳何以版築之爲與瑕子曰詩有之徹彼桑土綢繆牖户又曰赫赫南仲城彼朔方設險守國古之人皆然也且城役之費計白金七萬兩是萬軍一年之餉耳今以措之磚石間與山川永固是以一年萬夫之供貽百世金湯之守也不亦利乎島夷窺伺河畔久矣每有憑陵之心今設立重城彼過而望之將曰是巍巍者爲之捍毋庸力矣潛消不軌之謀默寓先發之制不亦豫乎盍自是議者始帖帖也始祠之建也衆志雖同然主其事者尚苦於

力之不給後數年海寇大至城外民多燼於烽火河南之遭殺掠者數千家獨新城宴如於是萬口又懽然戴公之怙冒捐金助力四面而至是生祠所爲成也嗟夫公真撑拄天地人也計建祠之日公去吾廣三年矣成祠之日公去吾廣五年矣瑕今之爲此碑文也公去吾廣十年矣輿論無私人心不泯於其無所爲而爲者微之瑕非知公之深以諸耆老之請也紀其始末

陳文峯公生祠碑

粤之東爲郡十餘以廣州爲粗安廣州之屬爲縣十餘以番南順莞四縣爲粗安所以然者蓋北有徭化南有香山

東有增江西有三水限山阻水畫地而守之負嵎之虎跳浪之鯨未易至也民生其間若可以息肩而高枕矣乃番禺東莞順德之交巨浸漫漫直通海島埗涌板罛蛋賊巢窟其中接濟澳夷勾引倭寇百年來雖屢加勦殺而根株未拔生聚日繁是以濵海之民罹其凶害上至崧臺安遠下及福永南頭被刦者歲無虛月雲霓之望孔棘矣歲在壬午三月大司馬文峯陳老先生按臨會城問民所苦於是南海周縣尹列賊名數百陳其慘毒曰請必征之於是貴州周太守列賊名數百陳其慘毒曰請必征之於是各閫臬衛所職官列賊名千百圖上方畧曰請必征之總兵

黃兩湖海道朱存敬乃言曰擒賊非難明斷爲難茲賊也耳目官門以賄騰謗可畏也前後任此事者多以流言被中傷矣倘上之人斷在不疑當滅此而後朝食閩野羅公乃疏奏曰心腹之患宜早撲滅乞　勑督撫諸臣速彰天討文峯公乃疏奏曰臣昔官憲察知此賊稔惡極矣宜早撲滅既得　請乃以六月集兵選將命副總兵白翰紀統舟師駐洋海之外以防賊之通倭命指揮王權趙壓統舟師駐海門之內以防賊之投澳分布既定七月八夜檄黃總兵朱海道以大軍出波羅仍以中軍鋭士付之俾作前鋒初十日遇賊於獅石海賊疾趨海道舟勢亢甚總兵乃

麾兵前與海道連舟大戰自卯至午海道親執桴擊鼓以進衆總兵呼中軍銳士曰勗哉努力銳士曰賊轉戰當至此乃設伏舟于岸側賊薄暮走至伏所銃砲齊發殲賊大半會天大雨賊遁窮追與海洋之内外夾勦焉縛者降者俘其男女者凡四千有奇而倭夷來策應者十數艘先爲外洋官兵殲之無孑遺十八日班師簡赦其脅從老弱數百人而海島肅清矣捷報　天子大喜命百官具禮告廟頒賞有差癸未二月大司馬致政東歸諸父老數千人叩轅門攀留曰始自今子子孫孫得帖席安枕者公之賜也今捨我而去其將疇依旣又曰昔召伯之南行也甘棠

存勿翦之歌周公之西歸也遵湝勤衮衣之戀懷仁報德古之厚也乃相率卜地鳩工爲建生祠于光孝街西爲寢爲堂爲門爲廊不旬日而翬飛鳥翼煥然矣祠成委記於與瑕氏與瑕氏曰余讀平寇奏章及事之始末而知保民之易易也夫坊涌在番順東山之交四縣之豪傑非少也通省備倭之全力非弱也選卒勁兵林林也糧食器械非乏之也告言被賊之害者積案也乃百十年無任其責者凡以因循之弊滋却顧之念重也今公因民之弗忍詢謀之僉同毅然誅之不崇朝而妖氛蕩滌何其偉也后之當事者其必破謬游之說塞狐疑之路以開功名之門庶幾生

民蒙福而國家可長保乎公肅清五嶺儀表百官去弊除苛明罰簡賦大綱細目整如也公金精玉潤淵如也其内者既不可測識其外者又不可殫舉姑記平生一事益諸父老感激之衷實切於此亦春秋表京觀之烈之意云公名瑞福建長樂人

燕石黄公墓誌銘

公諱宏宇宇震祥別號燕石廣之瓊山人也生十七年舉于順天又二十年爲嘉靖巳未進士初授戸部主事壬戌轉員外郎癸亥轉郎中甲子陞武昌府知府戊辰陞四川按察司副使辛未陞浙江叅政巳卯致仕辛巳八月一日

卒自生年至卒年得壽五十有八公父諱顯號墩江以文學甲科歷官湖廣按察司副使自爲舉人時携燕石公如京師肄業燕石公因執弟子禮侍先文敏公與余同筆硯先文敏公數稱之遂以庚子舉順天鄉試既而與京師名士日相切劘文日脩而學日進燕石公之識且日卓而志日大忽以其所爲舉子業火於庭曰吾父素以大儒相期待是沾沾者何爲哉乃更下帷發奮潛心遂古諸名士亦欽欽然重之巳未第進士謁選得戸部主事運糧餉邊以勤敏早輸上書陳空運五難二便大司徒馬公嘉納焉委管新大等倉委管草塲皆擋監之槖鉢奸書之淵藪也公

爲之較斗斛平出納謹防範定收受嚴囑托之禁速支放之期革諸司不得擅用場人而倉場之弊一洗焉其督發南都兌運也上書相國徐公曰東南財賦竭矣今茲大水實百年曠見之災損上益下大易慶之用一緩二古人所貴相公獨奈何不加意耶隨上疏稍稍調停緩急　天子聖明一如公議南人廼得小休云公之爲武昌也不動聲色祗勤早夜其言曰凡治大者小之古人烹鮮之喻有以也以故一意廉靜不期月而政聲大起若賑饑荒若脩城池若仲冤獄若化僚屬若戢吏胥若懾豪右諸所設施不可勝述雖然余以此爲公之緒餘耳楚王以事千餽黃金

百兩公笑卻之而封其餽束於庫無峻厲語但不行所囑耳其持法不撓而和易不激有如此景王襲返櫬京師中官與護衛軍士所過騷動公使人以禮諭其中官而廩餼夫役所以厚其從人者一一整齊既又下令曰護軍敢有譁於吾境者執之中官軍士素憚公以爲眞欲執之也相戒毋犯公令部伍肅然一郡安堵郜侍御薦疏所謂德望鎮服乎官軍以此不獨公之處置得宜致之也公之爲憲副也如其治郡而總藩臬務大體式庶僚抑權貴清驛傳實軍伍闔省肅清名聲尤赫時議者以爲公自爲郎爲郡多著勞積皆尋常遷謫今聲聞若是當不次簡拔以究厥

施乃公以連憂家食既又以復除罷歸雄材巨抱之士深猷石畫之彦將何自而表見哉每念公與余出處意氣多有同者至於公嚴相門生也予嚴相通家子也登第時嚴相惓惓顧復人人以爲當補顯要乃公得尹曹予得邑尹此事猶相類大丈夫獨立直行不阿權門是庸行耳何足多哉然公遊仕途無毫髮訴訾余則在在不理於口此非但所遭際者殊亦公之醇德不類余之踽踽自好也余在慈谿時公以事至吳下便便謂曰勉之共保淸白毋玷家風余報曰唯唯余在江右公居蜀便便謂曰勉之共保正直毋損芳聲余報曰唯唯余家居公北歸過粵秀語曰勉

之共保孝弟忠信以永終譽余應曰唯唯當是時公益嬌
嬌壯也余執觴勸曰努力再飲後會無期公正色曰勿作
此酸楚語令人不堪明年兒曹赴試當偕來遊耳嗚呼孰
謂一別果無再會期也公没三年諸子卜宅兆奉公藏于
元墩之陽以行狀渡洋海走千里來委誌焉曰先大夫之
遺囑也嗚呼相勗之情言在耳又安忍誌公墓哉公之
先祖世系及先墩江仕宦履歷子姓生出狀且備矣不盡
誌誌其大者銘曰

卓卓瓊山海中赤縣於赫　高皇稱曰奇甸山川鍾靈
生甫及申方莊而后代有哲人墩江突起清將甲第外

臺峻秩燕石嗣位郎署司徒擢守武昌祥風惠政何啻甘棠維鄂大夫上公德實謂公嘉績鄂西第一曰維端凝曰維俊穎氣重萬鈞度汪千頃此其實錄可槩平生陟憲轉藩率是攸行官階漸起遂返初服曰歸乎來留其遐福孝弟刑家忠信敦俗人曰嗟乎是宜介祉胡爲望六騎箕附尾青青元墩惟公永藏百千斯年孕秀發祥我銘公墓亦詔公后百千斯年德音孔茂

素亭劉先生墓表銘

先生姓劉氏名模字叔憲素亭其號也生宏治丁巳二十九歲充南海學弟子員三十五歲中式秋闈嘉靖乙未中

副榜授浙江蘭谿縣學教諭庚子典文衡于陝西癸卯擢廣西貴縣知縣丁未遭母艱庚戌補四川梓潼縣知縣凡七年丁巳致仕歸五羊又三十六年壬辰卒公之爲弟子員也居先大父喪哀毁踰禮司訓李槐庵以純孝聞于督學歐陽公賻助之番禺掌教張公與諸同志共厚遺以襄事一時名卿如方伯王蘗谷公如廉憲李公督學王公皆敬禮焉其以貧儒見重如此公之教諭蘭谿也小漁唐公灤陽趙公其門生也典文陝西解元馬公其本房首卷也皆聲華顯赫致位台鼎云公之爲貴縣也辭牛刀之收而上官服其廉清刷擄之弊而商旅懷其惠絶火耗之加而

徼歛得其平弭懷西五山之盜而四境寧其宇其爲梓潼也華繁費而里甲蘇製灌車而田疇闢請建何石亭之祠而忠節表察阿家殺婦之賊而寃弃徹修劍陽上亭之館而往來便上下莫不歸德焉公之致政也士民保留于上父老笑挽于下肖像立祠于學宮之右後數十年又舉而入於名宦曰民之不能忘也其牛刀小試之效如此公之歸也厚宗族恤弟姪和鄉里犯而不校有司屢請爲鄉飲賔優游林下與弼唐龎公古林何公八九人爲耆英會爲詩易會春王正月有辯格致有說學庸有疑天德太極有解多卓識獨詣云與瑕子曰先文敏公延先生設臯于四

峯余自十許歲受業先生矩度肅如也容貌雍如也出言徐徐如也接引後生杯酒歡洽然古經奧義之外片言不及於世鞅自朝至暮無惰容八九十年如一日眞盛德之儀刑哉公註春王正月辯謂陽明先生言論出人意表聽者駭服然天下之理終非强詞所能奪如曰作春秋以誅僭亂乃首改周之正朔何以服亂賊之心使魯宣鄭莊之徒舉是以詰夫子將何辭以對一篇之中皆此意也夫以正月爲周正者左氏也汲冢盎曰敬授民時巡狩烝享猶自夏焉曰敬授曰巡狩皆用夏時則魯史所書固夏時耳何憂乎宣莊小雅六官周公作也皆用夏正周公弟也臣

也不以更易正朔爲嫌陽明亦過爲孔子深憂哉先生格致之說祖述程朱與歐獅川辯云近時講學諸公發於言論皆極其精微實由平日研窮載籍旁通百家乃能如此豈田夫野老未曾讀書者可及若謂不學古而有博文一叚工夫則夫子當時亦不必刪之述之矣此皆至言可俟百世者嗚呼先生逝矣后學欲尋洙泗正脉其路孰由余將收拾遺文寄諸梓匠以待后之君子今固未得詳也先生生宏治丁巳七月六日卯時卒今壬辰五月十二日享年九十有六配孔氏男二人休爚孫六人文譽文業文佐文贊文與文瑞家乘行狀備焉先生陰功不悉銘銘其大

者銘曰
在昔嘉靖甲午之年江西巨商激變部連有司議征僇
殆萬千於維先生應試入燕玉河之館抗論便便文敏
赫然語制府錢曰昆岡玉石烈火俱燃連州無民是誰
之愆錢老謂然連民乃全萬命再造實公爲之回其天
人亦有言活人至千子孫綿延劉之子孫將貴將賢爾
公爾侯食爾福田余言有徵銘是新阡

呂公廟碑 由順德桂洲鄉錄出

嘉靖二十三年甲辰予入試春闈夢一人持卷金遺予封題其上曰順天府缺呂煥比予覺稽順天僚屬乃無呂煥曰吾其未第乎又六年庚戌予入春闈缺順天僚屬又無呂煥曰吾其未第乎又三年癸丑予入春闈又三年丙辰予入春闈稽順天僚屬咸無呂煥曰吾其未第乎戊午之冬予將北上戒僕束裝缺舟矣沖鶴潘君滋蘭邀予山游至于馬岡坐于山之松陰遥指隔水一神祠曰此呂公廟也呂公名文煥宋之季以將軍隨少帝于崖山死事于兹兹土之人義而祠之神甚靈驗無所不應是以血食于今

三百年無替也予心異焉因語以甲辰夢兆潘君欣然曰君此行決上第矣吾當齋戒爲君卜之倘其有徵君當惠之銘記勒之貞珉以紀神休于有永予曰唯後二日潘君貽予書言所卜得久困當亨之兆且曰幸毋忘山陰之言予報書曰唯唯乃今已未予已得第嗟夫予夢在十六年之前而徵應在十六年之後予所檢稽在朝宁搢紳之籍而遇獲乃在山村水郭之濱然則天下事豈容以意慮料量耶其一氣之感耶其精神之格耶抑亦神明之預啟我耶予之記誠不容已也按神死節事於誌無稽然宋渡嶺表元兵從之陷城殺將者無數比其亡也從而赴海者十

餘萬此何莫非忠貞之士哉而史皆泯泯至今獨三忠聲
烈赫赫在人間耳神之死節鄉人之傳其不誣惟神以死
勤事以忠昭節萬古綱常斯其攸賴民之祠而祀之天地
之大義也精靈不泯用能以吉凶詔民俾無迷謬民之祠
而祀之天地之大報也予之記誠不容已也然以予而觀
天之所以官敘于神民之所以憑依于神者豈止斯哉是
故黍稷菽稻民所自種也而神實享之犧牲鷄豚民所自
產也而神實歆之是不有大福澤于民何以永綏秩祀瑕
是用爲神之功爲民祈福始自今凡旱乾水溢傷民穡事
者神其司之調暘節雨罔或不時凡蟲蝗蟊螣害民穡事

者神其司之曄電轟雷洗其氛沴凡寇賊奸宄㕯跳無良
者神其司之狂風惡浪覆沒于江以無爲民菑嗚呼斯時
有大顯績于我民斯　皇天其申命之惟神斯其永綏秩
祀瑕　言正直　神其念哉

勉齋公文集重梓跋

先君子家政餘閒見光等兄弟

侍立嘗訓之曰吾家近派自

七世祖勉齋公公遊理學湛甘

泉門歷官有政聲所著文集與

厥考文敏公集並傳所謂能

世其家業者也子子孫孫宜勿
替引之予小子隨拾挌集刻本
則陳編間茲蠹鼠爲災鈔本則
傳寫易訛烏焉成馬欲問全書
未見所在多有蓋歷年之久遠
使然也嘗見好古者每於金石

遺文風霜剝蝕幾莫能辨而隻字單辭不惜傾囊購之坐對摩挲不忍釋手況於先人之書或生平經濟發為文章或因寄所托抒其藻翰句入奚囊無非心血歌當興會如聞音欬為人孫

今之視昔是又轉望於後之不

忘先澤者

乾隆戊子歲七月既望十三世

孫世光謹跋

霍勉齋集　卷之二十二　三

七世祖勉齋公文集重梓記

七月七日晒書期也余與弟世光竊倣古人故事適見先觀察勉齋公著作殘缺過半不勝魯魚亥豕之感因憶先君子在日久欲重梓是書尋以多病不果常囑余曰吾有志未逮若干事重梓先集爲最詩不云乎無念爾祖謂家聲之不墜也謂手澤之常存也不此之務將蒙其先人又何以示後嗣佩服斯言依依若前日

事也遂於族黨戚友中搜厥遺書幸獲全帙家大阮 進芳 因樂此舉爰爲校讐嗚呼莫爲之前雖美不彰莫爲之後雖盛不傳 先宫保文敏公爲觀察之歿著集行世觀察修而明之家法未遠今不如昔恐再更十年再更百年搜葺無從罪與蔑祖者等溯厥本源得毋耳熱是役也非敢自多實成 先君子志云爾

皆

乾隆三十三年歲在戊子秋七月既望十三世

孫有光謹識

嘉言懿行垂者祖宗手澤遺
編守者孫子理固宜也嘉慶
庚辰奉
制軍阮公脩廣東誌省中無遠弗
近競呈祖宗遺蹟政事文章
吕備採擇珫
勉齋祖觀察公文集九二十有
二奉乾隆戊子家貢士有光

世光伯父重脩斯時家有藏板族有完書追嘉慶己巳海賊肆扈吾族濱海各皆遜亂典籍散佚而是集之存者少矣乃於家廣文壬琇伯父孝廉恆康弟家五軸富藏弇彙珍惜始呈全帙華蒙誌局名公採葑入誌竊念案頭全帙

尚存碩果之憂架上板方難
免齧蠹之患起其寖久而愈
失也爰偕侄濱國侄孫爲日
等查搜舊板殊多霉爛更有
缺少遂與舊本按部校讐殘
者修缺者補仍壽呂梨棗無
散失次無散遺長庚幾先人
遺蹟政事文章秩如燦如也

噫此亦理之宜然耳抑世光伯之跋有曰又呂轉望於後之無忌先澤者余亦曰然

旹

道光三年癸未仲秋十四世嫡孫淸繢識